シンママ大阪応援団・Zikkaのごはんレシピ集

「大丈夫？」より「ごはん食べよう！」

言葉はなくても伝わるものがある

寺内順子

日本機関紙出版センター

はじめに　1

このレシピ本の原稿は２０１９年の秋から年末にかけて書いていましたが、年が明けて新型コロナ禍に世界中が襲われることとなりました。

本のテーマが「みんなで集まってわいわいごはんを食べよう」というものなのですが、集まることが駄目だといわれ、わいわい集まってしゃべりながらご飯を食べることが否定されるなどよもや思いもせず、特に、２０２０年２月末から６月までの自粛の３カ月間はこの原稿を校正する気さえおこりませんでした。

シンママ大阪応援団は「みんなで集まってごはんを食べよう」とママや子どもたちに声をかけ、活動してきたので、それができないというのは大きな痛手でした。

ただ、コロナ禍のもとで経済的にも精神的にも困難に陥ったシンママ世帯にひたすらスペシャルボックスを送り続けています。スペシャルボックスというのは毎月月末に送るお米や食料・日用品等を詰め込んだ箱のことで、２０２０年３月からは子どもの多いシンママ世帯や新たにＳＯＳを寄せてきたシンママ世帯に月半ばにも緊急スペシャルボックスを送っています。

６月のスペシャルボックスを受け取った女性からメッセージがとどきました。彼女はひとり親家庭で育った人で、高校生の時からのお付き合いです。

おはようございます！　数日前にスペシャルボックスが届きました。いつも本当にありがとうございます！

先月から少し元気がなくて、お礼のメッセージが送られず、お礼と嬉しい気持ちをお伝え出来ませんでした。先月も今月も、お金にも心にも余裕がなくて、スペシャルボックスがたのしみで、数少ない贅沢になっています。

わたしは大学をやめて介護のバイトをしているのですが、そこでの利用者さんや一緒に働く人との関わりが楽しくて、ここでなら就職してもいいかもしれないと、前向きに思えるくらい気に入っていました。数カ月前からそんな大好きな職場で大事にしてもらえない時があって、かなしくて、気が滅入っていました。

かなしくても、バイトの前後に沢山食べ物を食べて、自分を慰めてこれまで元気に嬉しい気持ちも忘れず働けていました。

先月はすごくおいしいパウンドケーキ、すごくおいしいクッキー、すごく美味しい食パンがいっぺんに届いて、特別おいしいものがいつもより多く家にありました。それと仕事は全然関係ないのに、なぜか今月も頑張らなきゃと、ヘトヘトだったのに元気になって、6月を乗り切りました。かなしいことが重なって、今月も始まったばかりなのに、私は心が折れそうになっていました。スペシャルボックスが届いても、ぼうっとして昨日まで開けられないくらいで……。

昨日は、かなしいことを人に話すことはまだ厳しいけど、お腹がすいたからスペシャルボックスを開けてみようという気持ちになりました。きっとたくさん食べ物が入っているし、私の好きな食べ物ばかりなんだろうと思いながらあけたら、いつも通りびっくりするくらい沢山詰め込まれていて、とっても驚きました。チューペットや好きな駄菓子、おいしいケーキに、キットカットが2箱も入っていました。色んな種類のお味噌汁も入っていて、なめこや野菜炒め、なすのお味噌汁なんかもありました。

働くときはしっかりしなきゃと気張るので何ともないけれど、家に帰ると、かなしかったことや受け流してきた感情が、どっと溢れて生きているのもつらいと思うようになりました。食い意地の張った私なので、スペシャルボックスで届いた食べ物はしっかり食べています。今月も、なんとか頑張れそうな気がします。

高校生の頃、大阪にいた時に寺内さんやママさんたちに何度も助けられたり、沢山楽しい思い出をもらったことが大きいのですが、私にも、味方でいてくれたり家族のように大事にしてくれる人はまだ沢山居るのだと、スペシャルボックスを開けるたびに思い出します。

うちからじゃ少し遠いけど、そろそろ寂しいので、また発送のお手伝いにも行きたいと思います。サポーターのみなさん、寺内さん、ママさん、いつもありがとうございます‼

彼女の言葉にはとても大切なことが書かれています。

「かなしいことを人に話すことはまだ厳しいけど、お腹がすいたからスペシャルボックスを開けてみようという気持ちになりました」「私にも、味方でいてくれたり家族のように大事にしてくれる人はまだ沢山居るのだと、スペシャルボックスを開ける度に思い出します」

なんにも言わなくても、彼女には、「あなたが大事」「あなたを心配している」ということが伝わっているのだと思います。

彼女にはこのあとメッセージのやりとりをして、食べたがっていたいなり寿司をたくさん作って冷凍してクール便で送りました。

いま、2020年7月です。少しずつ日常が戻ってきました。

1年前の去年のお盆には、拠点Zikka（実家）にはあふれるほどのママや子どもたちが集まりました。また、そこまでの集まりはできませんが、こじんまりと集まってご飯を一緒に食べることを始めています。「美味しいごはんを食べながら気のおけないママたちと笑いあいながらおしゃべりをする時間は私にとってのカウンセリングです」と先日あるママが言っていました。

一日でも早く、みんなが集まれる日を願いながら、このレシピ集をお届けします。

2020年7月20日

はじめに　2

今年（2019年）の夏は暑かったですね。
2019年8月11日からの3日間、シンママ大阪応援団拠点Zikkaには賑やかな笑い声があふれていました。私はその3日間は汗をかきかき、まさに食堂のおばちゃん状態。3日間で作った料理は……。

・そうめん・鶏むねハム・きゅうりとわかめの酢の物・あんこチーズケーキ・食パン（14本焼きました！）・ゴーヤチャンプル・たたき胡瓜・鶏肉の塩麴焼き・ベークドポテト・夏野菜の揚げびたし・野菜と竹輪のてんぷら・ぬか漬け・ちらし寿司・麻婆豆腐・麻婆茄子・冷奴・夏野菜のオーブン焼き・鍋焼き餃子・しし唐きんぴら・鶏唐揚げ・中華サラダ・茄子としし唐の煮物・トマトサラダ・ひじき混ぜご飯・焼きナス・だし巻き卵……。

なかでも大きな歓声が上がったのは、土鍋で炊いたごはんでした。

その時の様子をあるシンママさんはこう書いていました。

今回初めて、Zikkaに2日間お世話になりました。本当の実家がない私にとって、Zikkaはとても温かくて幸せなひとときでした。
寺内さんの作ってくださるご飯が、どれもこれも本当に美味しかったー。そして、大きなテーブルに並べる場所がなくなる程のお料理の数々。誰かに作ってもらえるご飯のありがたさと、たくさん並んだお料理。寺内さんの『これ食べるひとー？』の声に毎回手を挙げていました。初めてお会いするみなさんとも、美味しいご飯を一緒に囲むことで話も弾み、すぐに打ち解けることができました。

子どもたちも美味しいごはんは大好き。あっという間に空になったお皿の出来上がり！でした。特に息子が喜んでいたのは、手作りできたてパン。彼にとって人生初の手作りパンは、『めちゃくちゃおいしかったー』と目をハートにしていました。できたてのパンに、手作りあずきとバターの組み合わせ、永遠に食べられる（笑）

お盆休み、どこにも行ける予定がなかったのが、私も子どもたちも、楽しくて美味しくて幸せな場所で過ごすことができました。子どもたちも、次はいつ行っていいの？と、とても楽しかったようです。たくさん笑って、たくさん食べて、たくさん飲んで、たくさん話して、最後は帰りたくなくなってしまうほど、楽しかったです。またZikkaに帰れる日を楽しみに、毎日をがんばります!!　ありがとうございました。ごちそうさまでした。

シンママ大阪応援団は2015年に大阪社会保障推進協議会（略称・大阪社保協）が立ち上げました。最初はその名の通り、「シンママ（シングルマザー）を応援する」という文字通りのサイト名だったのですが、2018年に一般社団法人として大阪社保協から切り離し、独自の活動をしています。

拠点Zikkaというのは、ママと子どもたちが安心して集まれる居場所のことです。キッチンには大きなテーブルがあります。大皿にどんと盛った料理を囲んで、食べてしゃべって笑うのが何よりの幸せな時間です。

シンママ大阪応援団のサポートは、一言でいえば「何も聞かない、なにも言わないサポート」です。

過去のことは聞きません。ママが話したくなった時は聞きますが。アドバイスを求められたときはもちろん様々な情報提供はしますし、専門家につなげます。そして、役所への同行支援も日常的にやっていますが、一番大切にしているのはおいしいごはんをみんなで一緒に食べること。
大きなテーブルに大皿にどーんと料理を盛って、さあお好きなだけ、お腹いっぱい召し上がれ！というのがシンママ大阪応援団流です。

この本では、これまでZikkaで作ってきたごはんの中で、特にママたちが好きな料理を中心にエピソードとともにレシピを紹介します。写真はその時、私がスマホでとったものなので素人写真です。ほとんどがこのレシピ等のために特別にとったものではありません。

もくじ

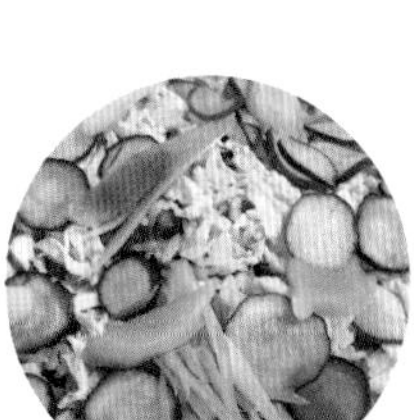

第1章

人生のレシピ本をあなたに

※上間陽子さんの娘さんが描きました。「たなばたぱーてぃ」だそうです。

人生のレシピ本をあなたに

上間　陽子（琉球大学教員）

この本は、ご飯の作り方を教えるためのレシピ本ではありません。

確かに煮卵の作り方もチャーハンの作り方も載っており、このレシピ本の通りに作れば、本当に美味しいご飯ができあがるでしょう。でもそれ以上に、ここに載っているひとつひとつのご飯は、そのご飯を食べて、目の前の困難を乗り越えようとしたシンママさんたちとともに編まれた、人生に関するレシピ本です。

ご飯を作るということは、どういう意味を持つのでしょう?

子どもを育てているひとは、ご飯を作り、それを食べさせて、清潔にさせて、排せつさせて、寝かせて、その子が今日一日をすこやかに乗り切れるように、子どものケアに自分の日々を捧げるようにして過ごします。こうしたケアのなかでも、ご飯を作り食べさせることは、毎日途切れなくなされることで、まさにケアの中心的な営みのひとつです。

日本ではそうしたケアの担い手は、多くの場合、母親になります。でも、目の前の子どもを懸命に育てている母親自身は、誰にもケアされることはありません。私たちの社会には、誰かをケアしているひとを助けるようなシステムはありません。みんなただ、自分の家族のなかで帳尻合わせをしようとして、悪戦苦闘しています。

その家族のなかで支えが一切なかったら?　家族のなかで追い詰められるようになってしまったら?　たったひとりで家計を担い、子どもを育てなくてはならなくなったら?

それでも子どもを持った親たちは、目の前の子どもを生かすために日々を過ごさなくてなりません。国や行政の支援がほとんどないなかで、子どもを育てながら働いている日本のひとり親家庭の過酷さは、もはや先進国だとはいえないようなものです。

シンママ大阪応援団は、そのようなシンママさんたちに、毎月、食べ物とまあたらしい日用品が入ったスペシャルボックスを送り続けています。そして彼女たちが集うZｉｋｋａでは、シンママ大阪応援団の寺内順子さんが、せっせとご飯を作ります。

毎月届けられるスペシャルボックスは文字通りの生きる糧であり、そのようにして作られたご飯は、「必死で生きているあなたのことをずっと見守っているよ」というシンママさんたちに向けられたメッセージでもあります。

日々の奮闘を知り、傍らで見守るひとがいることは、子どもをひとりで抱えて働き続けているシンママさんたちに、生活を形作ろうとする力を与えます。だからここに記録されている煮卵やチャーハンは、人生を形作る力を持つのです。

このことは支援とは何かという、より根本的な問いに答えを与えるものだと思います。

しばしば支援というものは、支援する側の思惑によって左右され、暴力的に作用します。あなたの苦悩はこれだと支援者によって名指され、それを解消するメニューを提示されることは、その苦悩を解消する近道に見えますが、支援される方の力を奪うことにもつながります。そのひとの人生の主役はそのひとです。苦しみのただなかにいるときにも、そのひとの人生をよくしていくための手立てを知るのは、そのひと自身でしかありません。

シンママ大阪応援団も寺内さんも、そのひとの苦悩そのものを聞き出すことはしません。その苦悩やその元凶を探しだすことよりも先に、今日一日をしのごうとしているそのひとのいまを肯定することの方が、はるかに重要です。スペシャルボックスを送り続け、美味しいご飯を一緒に食べることは、私はあなたを見続けているというメッセージであり、幾重にもわたるそのひとの存在の承認なのです。

ところでこれは、ひとりで子どもを育てながら働き続けているシンママさんたちだけに必要なものなのでしょうか？　私たちはもうずっと頑張らされています。軋みをあげるシステムのなかで、このまま生きていくことはもうできないと思うひとは、私たちの周りにたくさんいます。

だから私たちは、このレシピに寄せられたシンママさんたちの言葉にふれることで、自らの手でそのような場所を作りだせないか模索できるのではないでしょうか？

とりあえず、一緒にご飯食べようと声をかけることのできる場が増えることは、今、私たちの置かれている場を可視化し、軋みをあげるシステムに抗う、抵抗の場を作り出す意味を持ちます。

たぶん、私たちはもっと優しくひとと関わることができるのだと思います。ずっとそれを続けている場所があることは、私たちにとって希望になると思います。そしてその息吹にふれて私たちもまた何かを始めてみようとするときに、私たちもまた、このシステムを変えていく回路を手にすることになります。

この本は、つまり、そういう人生のレシピ本になるのです。

第2章 ケーキの力

※これは2019年12月のスペシャルボックスのためにケーキサポーターさんが焼いて送って下さったケーキの数々です。このケーキの写真をみると心が温かくなります。

「ケーキの力」、何のことだとおもいますか？

相談を受ける時には必ず美味しいケーキとお茶

シンママ大阪応援団ではサイトを通してSOSメールをくださる女性たちと、必ず一度は直接お会いすることにしていますが、その時必ず、ケーキを食べていただくことにしています。

4年前、はじめてお会いする女性と、ホテルのラウンジで待ち合わせてお話したことがあります。その時、彼女はケーキセットを前にしてはらはらと涙を流しました。

「ケーキ食べたかったんです。昨日も、一昨日もケーキの夢を見たんです。本当に食べられるなんて……」

派遣社員として毎日働きながらも借金を抱え、食べるものも食べずに暮らしていた彼女にとって、ケーキは夢の世界のものだったのですね。その後、彼女とお会いする場所は、必ず美味しいケーキが食べられるカフェでした。

同じく4年前、SOSメールをくれたママさんの自宅を訪問して相談に応じたことがあります。その時、手作りのリンゴケーキを持って行ったのですが、彼女は私の前であっという間にそのケーキをぺろりと平らげました。よっぽどお腹がすいていたのでしょうね。夫から生活費も払われず、乳飲み子を抱え、路頭に迷う寸前の時でし

た。よくぞメールをいれてくれたと思います。そのママさんからの声を紹介します。

あの時食べたりんごケーキの味はきっと一生忘れられません

4年前貯金も底付きかけ明日どうやって生きたらいいのか分からず行き詰まった時、偶然インターネットの検索で見つけたシンママ大阪応援団。役所ですら、仕事しないとお金がないと言っても「保育園は今は入れませんね」の一言で終了。こんなネットで見つけたサイトに相談しても返事なんか来るんだろうかと半信半疑で相談のメールをしました。夜遅い時間にも関わらずメールの返事がすぐに来ました。

家に来てくれるとのことでどんな人だろうと少しドキドキしたのを今でも覚えています。上がってもらってお話をしている時、寺内さんが手作りのりんごケーキをくださりました。当時本当にお金がなく甘いスイーツなんて買える状態ではなかったので、凄く嬉しかったことを覚えています。甘い物って不思議なくらい幸せな気持ちになるんですよね。その時のわたしは恥ずかしいくらいがっついて食べていたと思います。笑うことなんてほぼなかった頃だったのですが、自然と笑顔になれました。あの時食べたりんごケーキの味はきっと一生忘れられません。

毎月頂くスペシャルボックスのケーキも同じで、月に1回届く甘いケーキを食べて幸せな気持ちでいっぱいになるのです。大きくなってケーキを食べられるようになった娘と一緒に美味しいね！と食べている時間はとても幸せな時間です。他の家庭もきっと同じように幸せな時間を過ごしていると思います。

それと誰かが作ってくれたケーキというのも凄く嬉しいと感じます。誰かに何かを作ってもらう機会って母親になるとがくんと減ります。誰かが自分たちのために作ってくれたケーキってなんだか特別感があるというか、なんというか。上手く言えませんがとてもほっこりした気持ちです。1つのケーキがママと子供達の笑顔に繋がっているとわたしは思います。

20歳代　シンママ

このように、女性たちにとってケーキは特別なものなのだと感じることが度々あり、ご相談を受けるときには必ずケーキを介在させるようになりました。

スペシャルボックスの一番上には手作りケーキ

シンママ大阪応援団は2016年11月から「スペシャルボックス」という食糧支援を始めました。これは、毎月給料日が月末なので、半ばを過ぎるとお財布にも銀行口座にもほとんど現金がない、冷蔵庫にも食糧がないという状態であることがママたちの声からわかってきたからです。

応援団のママたちの家計調査をしたことがあるのですが、親子3人で食費は月1万5千円から3万円程度。1日1000円足らずです。シンママさんたちの暮らしは「食うに困る」という状態であることを知り、少しでも力になればと食糧支援を始めました。最初は8世帯でしたが、直近の2020年8月現在は80世帯となっています。

100サイズという発送用の箱に、サポーターさん（支援者をそう呼んでいます）から毎月届けられる、米、乾麺、ラーメン、レトルト食品、缶詰、ジャム、ハチミツ、漬物、

ある月の「スペシャルボックス」の中に入っていたもの

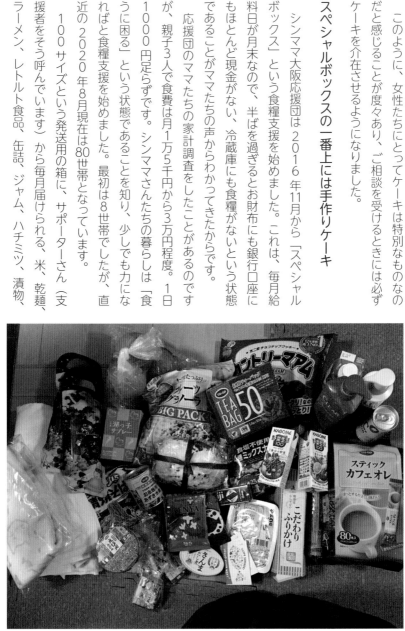

佃煮、調味料、洗剤、タオル、ハンカチ、入浴剤、子ども服、絵本、おもちゃなどの大量の寄付品を、月末の日曜日に比較的に近くに住んでいるママたちが集まってきて仕分けして詰め込み、みんなで発送作業をします。この「スペシャルボックス」という名称は、いつからかママたちがそう呼ぶようになりました。

必ずケーキのことをメッセージしてくるママたち

このスペシャルボックスに必ず手作りケーキを入れます。初めは私が焼いて入れていたのですが、80本近くにもなればとても一人では焼ききれないので、「幸せのケーキサポーターになりませんか？」と毎月送る「サポーター通信」で募集したところ、現在7人の方がケーキサポーターになってくださっています。

スペシャルボックスを受け取ったママたちには、できるだけサポーターさんへのお礼とどんなものがうれしかったのか、また近況も交えてメッセージを送ってほしいと頼んでいます。ママたちの声が次のサポートへとつながるからです。

ママたちからのメッセージには、必ずケーキのことが書かれています。みんながどんなにケーキを待っていることでしょうか。こうした声を読むと、来月も必ずケーキ入れなくちゃ、今度はどんなケーキにしようかしらと、とてもやる気になりますね。

ママたちからのメッセージ

頑張ったご褒美に届いたようなスペシャルボックス。ケーキは、本当に嬉しいです。今回もコーヒーが入っていたのでケーキのお供にと。至福なひと時を楽しみに今週も頑張ろうと思い休日にとっておきます。

スペシャルボックスを開けさせて頂くとまず、美味しそうなケーキが目に飛び込んできました。早速、娘と一緒

2019年12月のスペシャルボックス

に食べさせていただいたのですが、チョコチップが甘くて、ふわふわの食感に、まるで、「ぐりとぐら」のつくったケーキみたいだね～と、おしゃべりし合いながら食べさせて頂きました。

今月も給料日前の不安な日にスペシャルボックスが届きました。夕飯前のお腹減りの子供たちは、ケーキとお菓子に大喜びで、思う存分、食べていました。普段、買えないコープや有名メーカーのお菓子やインスタントはやっぱり美味しいし、安心です。

今月もスペシャルボックスを子どもが受け取っていました。子どもは宛先に自分の名前が書いてあるので、さっそく開けてパックのパインジュースを飲んでしまっていました。200㎖入りのジュースは高くて普段飲めないし嬉しかったようです。買い物した野菜を冷蔵庫に入れようと開けると、夏は当分ケーキが無いと思っていたのに、幸せのケーキが冷やしてあったのでビックリ！　翌朝まで冷やして頂きました。バターたっぷりで、製菓用の溶けないチョコチップが入っていてとても美味しかったです。お菓子作りが好きな上の子は、このケーキを作るのに必要な金額を知っています。サポーターさんが自分のお金で、こうやって手作りして送ってくれることを「凄いなぁ…」と呟いていました。

高校生の娘が、まだかなーまだこないよーと、首を長くして今月も楽しみにしていました。今月のケーキなにかな？　お洋服ぴったり！　入浴剤にコーヒー、ジュースにラーメン、嬉しい笑顔で何度もみていました。この夏は娘と私の持病の調子が悪く家から出られず、笑顔も見られない毎日でしたが少しずつ元気になってきました。今日は大笑いしながら美味しいケーキをいただくことができました。

こんにちは、スペシャルボックス受け取らせて頂きました。今月もありがとうございます。届いた瞬間、子供の目がキラキラで満面の笑みで箱を開けていました。手作りケーキが最初に目に入った娘はニコニコで「ママ！　見て！　ケーキ‼」って目はキラキラと大喜び。娘と一緒に美味しく頂きました。不思議と心がほっこり暖かくなりました。ありがとうございます

ケーキサポーターさんの声

わたしがなぜ幸せのケーキを焼くのか

昨年の秋からケーキサポーターに加わりました。豊中市にある団欒長屋プロジェクトのスタッフと協同で焼いています。きっかけはシンママ大阪応援団のサポーター養成講座に参加して「サポーター通信」をいただくようになり、ママたちがケーキをとても喜び待ち望んでいることを知ったからです。そんなに喜ばれるケーキってどんなものなのかとても興味を持ちました。そして、「あなたも幸せのケーキサポーターになりませんか?」という寺内さんのメッセージと一緒にレシピも掲載されていたので作ってみたくなりました。

とはいえ、私は料理があまり得意ではありません。自分一人では焼ける自信がなかったのでお菓子作りの上手な仲間に一緒に作ってもらえないかと相談しました。すると快諾してもらえ、団欒長屋を使って焼くことになりました。

団欒長屋とは平日は乳幼児の保育、土曜は学童保育をしている民間の施設で、ひとり親にも優しく、様々な人が集まってくるちょっと変わった地域の拠点です。代表の渕上さんご自身もシンママでアクティブな人です。我が家は下の息子が小3の時に学童を利用して以来、もう6年のお付き合いです。少し親の手が離れたところでこれまでの恩を何かの形でお返ししたいと思い、月1回ですが子ども食堂を始めました。ケーキ作りはそんなシンママ家庭の憩いの場でもある団欒のキッチンで子ども食堂の準備の前に焼くことが多いのです。実は私は口ばかりでメインで焼いてくれているのは笹倉さんという保育士さんとその娘さんです。私はほぼ運び屋なのでサポーターに個人名で載せていただくと後ろめたい気持ちでました。今回

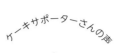

を機にサポーター名は団欒長屋に改めていただこうと思っています。

初めてケーキを届けた日は前から気になっていた発送作業にも参加してみました。テーブルに収まらないほどの物資に圧倒されつつ、ひたすらカウントをしながらもくもくと小分けをしていきました。量が多すぎて集中しないとわからなくなってしまうのです。

山のような支援物資の中でもひときわママたちが大切に扱っていたのがケーキでした。箱の一番上の目立つところに崩れないようにガードしながらセッティングし、ふたを閉めるときにもまた何度も必ず入っているかを確認していました。「こんなに喜んでくれるならまたぜひ持って来よう!」と思い、続けることになりました。

ケーキ作りを通じて私にも楽しみが増えました。はじめは寒い時期だったのでバナナやリンゴを入れたりして中身を考えるのも楽しかったし、年末にシンママ大阪応援団のメンバーさんからいただいたゆずのマーマレイドを入れたときもありました。子ども食堂用に寄付していただいたものもフル活用しています。いろいろな方の善意を結集し、一番喜んでくださる方たちに届ける循環の中に自分も組み込まれているということが何より安心できるのです。寺内さんのメッセージは「幸せのケーキ」でもあり、「幸せのケーキサポーター」という意味でもあったのですね。

寺内さんのご配慮で私もシンママだからと段ボールを送っていただくことになり、恐縮しながらもありがたく頂戴しています。私の箱にも団欒以外の方が作ってくださったケーキを入れてくれています。これをまた団欒に持っていき学童の子やスタッフと試食してシンママ大阪応援団との繋がりをかみしめながら有効に活用しています。感謝を込めてこれからも作りつづけていきたいと思っています。

(団欒長屋プロジェクト　池田織江)

ケーキサポーターさんの声

なぜケーキを焼いて持っていくのか

ケーキ作りのきっかけは「石釜ドーム」をうたったオーブンレンジを買ったものの、普段レンジにしか使わないのはもったいないなと思ったことです。オーブンの付録レシピ集にマーブルケーキが載っていたのでパウンドケーキ型を買って焼いてみたところ、きれいなマーブルにはなりませんでしたが思いのほか美味しく、これならコンビニなどで買うより作ったほうがいいなと思いました。

「サポーター通信」でケーキサポーターのことを知り、まず代表の寺内さんや発送作業をされている皆さんに作ったケーキを食べてもらいました。それから2カ月に1回ペースでパウンドケーキを焼いていましたが、材料や作り方のちょっとした違いで味や食感が変わるのがおもしろく、今では毎月マドレーヌやフィナンシェなどを作ってはシンママさんの事務所や職場にも持っていくようになりました。

よく作るのはチョコケーキで、「小山ロール」で有名な小山進さんがNHKの番組で紹介していたレシピで作っています。チョコケーキは出来てから4日から1週間ぐらいが、漬け込みドライフルーツやシロップの味がなじんで美味しくなるのがいいところで、日持ちもするのでシンママのスペシャルボックスにピッタリだなと思っています。

材料といえば、最初の頃はどこで買ったらいいのかもわからなかったので、おつまみ用のオレンジピールを刻んでチョコケーキに入れたりしていました。食べると「何か、ヘンな味…」と思ってよくよく考えるとオレンジピールが原因だとわかりました。今は製菓専門店で材料を買うことが多いですが、小麦粉やチョコだけでも何種類もあって目移りしてしまいます。

焼き菓子を作るときの小麦粉は北海道産の「ドルチェ」を、パンを作るときの強力粉は「春よ恋」、中力粉がほしいときは「エクリチュール」を使っています。今考えているのはチョコケーキの口どけをよくして最後まで美味しく食べられるように完成度を上げること、焼き菓子のバリエーションを増やすことです。

作ってみてわかったのは、味はもちろん見た目がとても大事！ということです。気を抜くと生地に気泡ができたり角が欠けて形が崩れたりするので、最後の仕上げまで気を配るようにしています。包装も重要で、洋菓子店などに行くとプロの仕上げはさすがだなと思って見ています。

むかしから甘いものが好きで和菓子も洋菓子も食べていましたが、まさか自分で作ることになるとは思っていませんでした。ただ、1g単位まできっちりと分量をはかってレシピ通りに作るのが性に合っているようで、いろいろと自分なりに工夫できるところもケーキ作りの魅力です。

そして、自分が作ったケーキを多くの人たちに食べてもらえること、喜んでもらえることが何よりもうれしいです。うれしいのと同時に、人様に食べていただくものですから新鮮で安全なものを心がけています。これからもどんどんケーキを作って腕を磨いていきたいです。

匿名（S）

ケーキサポーターさんの声

ケーキを焼くのは娘やまだ見ぬ孫のような子どもたちに送る気持ち

私がシンママ大阪応援団を知ったのはFacebookで寺内さんの投稿を見るようになってからです。2017年12月に子どもたちにお菓子とママたちに浴用石鹸を送ったと記憶しています。

ケーキが子どもたちやママたちに喜ばれることを投稿で知り、私でもできるかもと2018年の1月からハッピーケーキを焼く人になりました。

ケーキ作りは久しぶり、わが子が小さい頃はよく作っていたので、思い出しながらのパウンドケーキです。パウンドケーキは小麦粉100g、たまご100g、バター100g、砂糖100gの単位、一度にこの3倍、各300gで6個のケーキができ、これを3回焼きます。こだわりは国産材料を使うことです。国産小麦とよつ葉のバターは譲れません。中に入れるドライフルーツやナッツ類は国産品は手に入らないので富澤商店で買ったり、最近はわが田舎でとれたイチジクをドライフルーツにして入れています。やはり、子どもたちの体にいいもの、安心なものを食べてもらいたいです。月1回、ケーキの甘い香りがリビング中に漂い、わくわく&楽しみな1日になっています。

わが2人の子どもは独身ですが、このケーキは娘やまだ見ぬ孫のような子どもたちに送る気持ちで焼いています。結構飽き性の私ですが、これだけは続いています。それがなぜか?ですが、寺内さんが「スペシャルボックス」を受け取ったママたちのメッセージを投稿してくださるからです。ママたちのメッセージにこちらが励まされるのです。

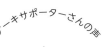

奥さんに焼いていただいたケーキ

そして私の周りのお友達が「これシンママの荷物に入れて」と小物を持ってきてくれるのも励みになっているのかもしれません。たくさんの方がサポーターさんになっておられるし、コープさんが参加されているのは心強いですね。

私は、年金生活なので商品にお金をかけることはできませんが、これからも時間と体力、気力で微力ながらケーキでサポートをしていこうと思っています。そして、シンママさんたちが暮らしていける社会にしていかなければと思っています。そのためにも政治を変えたい！と強く思います。

（奥　英子）

マーブルケーキ

私はあまり甘いものが得意ではなく、ケーキもほぼ食べません。そんな私ですが、私が小さいとき、母が良く作ってくれた「マーブルケーキ」だけは今でも時々食べたいと思うときがあるので焼いていました。とても簡単に失敗なく焼けるので、2017年10月のスペシャルボックスに初めて入れたのですが、その時のママたちの反応があまりに凄かったのです。

「ケーキがとてもうれしかったです」「1年ぶりにケーキを食べました」「晩御飯の後に子どもたちと紅茶とケーキでとてもほっこりした時間がすごせました」「こどもがケーキをとても喜び、来月も入っているかなと楽しみにしています」など、すべてのお礼メッセージにケーキのことが書いてあったのです。こんな反応は他にはありませんでした。

材料

バター……100g
（常温に戻し柔らかくしておく）
砂糖……100g
薄力粉……120g
ベーキングパウダー…小さじ1/2
卵……二個（常温に戻しておく）
ココアパウダー……大さじ2
（ぬるま湯でといておく）

作り方

① 薄力粉にベーキングパウダーをまぜてふるっておく。
② 卵を割って混ぜておく。
③ オーブン170℃の余熱にしておく。
④ バターに砂糖を入れまぜ、卵を少しずつ入れて分離しないようかきまぜる。
⑤ 薄力粉を入れてサックリと粉っぽさがなくなるようまぜる。
⑥ ココアを入れる（混ぜるとマーブルにならないので絶対に混ぜない）。
⑦ 容器に入れて170℃で50分焼く。串を差し入れて何もついてこなければ焼けている。

あんこを炊きましょう

ケーキも大人気ですが、あんこのお菓子も人気があります。一年中ケーキを作っていますが、あんこは傷むのが怖いので秋冬限定です。あんこを土鍋で炊いておけば、おはぎ、あんこケーキ、あんこパイなどに展開できます。ママと子どもたちは食パンにあんことバターという名古屋モーニング的な食べ方も大好きです。

材料

小豆……250g
（できれば大納言、炊き上がりが全く違う）
砂糖……250g
塩……少々

作り方

① 鍋に小豆を入れ、ヒタヒタの水を入れて沸騰させ、火を止め、水を入れてざるで小豆をひろう。これを「ゆでこぼし」という。灰汁をとるために行う。
② 鍋（できれば土鍋）に水をたっぷり入れ、小豆を入れて本格的に小豆が柔らかくなるまで蓋をして煮る。土鍋をした方がふっくらと煮える。
③ 小豆が柔らかくなったら砂糖を入れてさらに煮る。ここでまた灰汁がでるので、丁寧に取り除くこと。
④ かき混ぜてそこが見えるようになったら火を止める。冷めると固くなる。

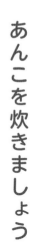

私の好きなＺｉｋｋａごはん

おはぎ

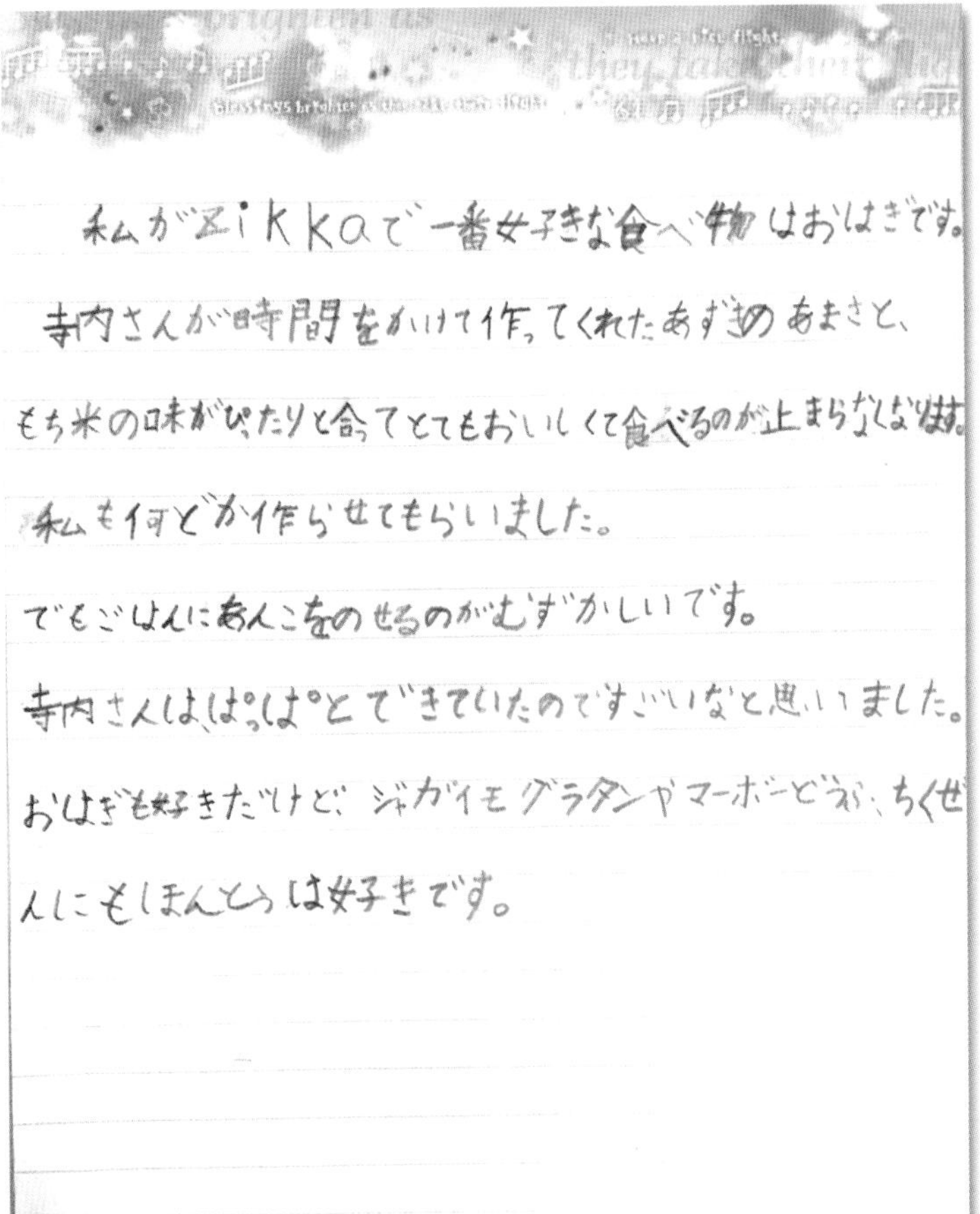
私がZikkaで一番好きな食べ物はおはぎです。

寺内さんが時間をかけて作ってくれたあずきのあまさと、もち米の味がぴったりと合ってとてもおいしくて食べるのが止まらなくなります。

私も何どか作らせてもらいました。

でもごはんにあんこをのせるのがむずかしいです。

寺内さんはぱっぱとできていたのですごいなと思いました。

おはぎも好きだけど、ジャガイモグラタンやマーボーどうふ、ちくぜんにもほんとうは好きです。

小学校４年生の女の子からの手紙

おはぎをつくってみましょう

できあがったあんこでおはぎをつくってみましょう。おはぎは9月〜3月限定の和菓子です。出来たてのおはぎはZikkaに集まるみんなにも大人気です。
手作りおはぎは特別な感じがするとママたちは言います。
寒い季節にはスペシャルボックスに入れることもあります。

材料

白米	2合
餅米	2合
あんこ	500g

作り方

① 白米と餅米を混ぜて洗い、30分置いてからご飯を炊くのと同量の水加減で普通に炊き、10分蒸らしておく。
② ご飯に塩を小さじ半分ふりかけ、すりこぎでつき、ご飯粒を残して粘りを出しておく。
③ 小さなおにぎりをつくり、あんこでくるむ。

私の好きなZikkaごはん

抹茶小豆ケーキ

新卒で一人暮らしを始め、仕事が忙しくなってきた2年目の頃。どこから様子を察知してくれたのか、寺内さんが「あなたもスペシャルボックスいるんじゃない？」と声を掛けてくださりスペシャルボックスを送っていただくようになりました。

もともと自炊する習慣も備わってないけど家を飛び出し始めた一人暮らし生活。実際のところ、仕事で疲れ切って帰宅後何も手につかない、何もできない日々でした。

初めて受け取ったボックスには、根菜やお中元の品のような上等に作られたお菓子、すぐに封を切って食べられる食品、発送作業をしてくれているママやサポーターさんからのメッセージが入っていたと思います。本当にうれしかったです。

でも何より、実際、箱を開けてすぐにかぶりついていたのがこの、手作りケーキでした。包丁で切ったりもせずにもうそのまま！　夢中で食べていたと思います。そして、涙がこぼれ出します。抹茶あずきパウンドケーキ。手作りで、寺内さんが作ってくれて、一人で全部食べちゃって。

思い返せば当時はギリギリの状態でした。張り裂けそうな思いで過ごしていた中で、口いっぱいに頬張る甘いケーキ。むちゃくちゃホッとして、あたたかかったです。

スペシャルボックスが私を支えてくれて、晴れて自分を消耗していた仕事から転職。少しずつ自分のペースで生活をしていっています。とにかく、ケーキの力はすごいってことを伝えたいし、本当にいつもありがとうございます、という気持ちです。自分でも作れるようになりたいなぁ。

20歳代　独身女性

抹茶小豆パウンドケーキ

抹茶を入れたちょっと大人のほろにがケーキです。あんこを入れて焼くと抹茶がひきたちます。抹茶がちょっと高いので、ぜいたくな一本です。

材料

バター	100g
（常温に戻し柔らかくしておく）	
砂糖	100g
薄力粉	120g
抹茶	10g
ベーキングパウダー	小さじ1/2
あんこ	80g
卵	2個（常温に戻しておく）

作り方

① 薄力粉に抹茶とベーキングパウダーをまぜてふるっておく。
② 卵を割って混ぜておく。
③ オーブンを170℃の余熱にしておく。
④ バターに砂糖を入れまぜ、卵を少しずつ入れて分離しないようかきまぜる。
⑤ 薄力粉を入れてサックリと粉っぽさがなくなるようまぜる。
⑥ 容器に⑤を半分入れ、あんこをまんべんなく入れ、さらに半分を入れる。
⑦ 170℃で50分焼く。串を差し入れて何もついてこなければ焼けている。

きなこ小豆ケーキ

薄力粉にきなこをまぜるとケーキの生地がおどろくほどきめこまかく、しっとりします。あんこを入れると日本茶にも合うケーキになります。

材料

バター	100 g
(常温に戻し柔らかくしておく)	
砂糖	100 g
薄力粉	120 g
きなこ	15 g
ベーキングパウダー	小さじ1/2
あんこ	80 g
卵	二個(常温に戻しておく)

作り方

① 薄力粉にきなことベーキングパウダーをまぜてふるっておく。
② 卵を割って混ぜておく。
③ オーブン170℃の余熱にしておく。
④ バターに砂糖を入れまぜ、卵を少しずつ入れて分離しないようかきまぜる。
⑤ 薄力粉ときなこを入れてサックリと粉っぽさがなくなるようまぜ、
⑥ 容器に⑤を半分入れ、あんこをまんべんなく入れ、さらに半分を入れる。
⑦ 170℃で50分焼きます。串を差し入れて何もついてこなければ焼けている。

紅茶バナナパウンドケーキ

熟れすぎたバナナがあったのでバナナパウンドケーキにしてみました。紅茶を入れて上にバナナをかざるとおしゃれなケーキになりました。

材料

バター……100g
（常温に戻し柔らかくしておく）
砂糖……100g
（きび砂糖だとより美味しい）
薄力粉……150g
ベーキングパウダー…小さじ1/2
よく熟れたバナナ……2本
（ビニール袋にいれて手でどろどろになるまでつぶしておく）
紅茶ティーバック……2袋
（アールグレイがおすすめ）
卵……2個（常温に戻しておく）

作り方

① 薄力粉にベーキングパウダーをまぜてふるっておき、さらに紅茶をティーバックからだし混ぜておく。
② 卵を割って混ぜておく。
③ オーブン170℃の余熱にしておく。
④ バターに砂糖を入れまぜ、卵を少しずつ入れて分離しないようかきまぜる。
⑤ ①④に入れてサックリと粉っぽさがなくなるようまぜる。
⑥ 容器に入れて170℃で50分焼く。串を差し入れて何もついてこなければ焼けている。

基本のふわふわカステラ

ぐりとぐらの絵本が大好きです。あの絵本に出てくるカステラはこんな感じじゃないかなと思っています。粉は強力粉を使うのがポイント。どっしり、しっとりした生地となります。砂糖も多いめ、加えてはちみつも入れるのでしっかりした甘さの日もちのするケーキに。ベーキングパウダーは入れず、卵白のメレンゲをしっかりあわだててその力でふくらみます。

この基本レシピは、料理研究家の母のものです。この基本レシピをもとにココアケーキや、きなこや紅茶を入れて別のケーキにも展開できます。

作り方

① 箱にきっちりクッキングシートをしく(厚手の箱を用意する。Amazonの浅い箱がぴったり使えます)。
② 卵を湯煎し温めておく。(水温は37℃くらい)
③ Aをボールに入れオーブンの余熱160℃で温める。
④ ③のボールに卵白を入れしっかり泡立てる。泡がぴんと立つまで泡立て、もったりしたメレンゲを作る。泡がしっかり立ったら砂糖を3回に分けて混ぜ合わせる。卵黄もすこしずつ入れて、泡立てる。
⑤ ④に粉を入れゴムベラでボールを回しながら切るように混ぜる。最後に温めた　Aを丁寧に混ぜあわせる。
⑥ 用意した箱に流し入れ、台の上で箱を打ち付けて空気を抜く。
⑦ 160度のオーブンに入れ30分焼く。表面に手を置いてしっかり焼きあがっていたら火を止める。2単位にするときは時間を長い目にして55分焼く。
⑧ オーブンから出し、まな板の上に新聞紙を置き、布巾を載せて、その上にケーキの表面を下にして載せる。熱いうちにペーパーを取る。布巾をかけておき、冷めてから切り分ける。

材料

強力粉		230 g
砂糖		270 g
卵		6個
A	サラダ油	大5
A	牛乳	大4
A	はちみつ	大3

ふわふわココアケーキ

前頁のふわふわカステラをココアケーキに展開します。仕上げに粉砂糖を振りかけるとおしゃれなケーキになりますね。粉砂糖は日がたつにつれケーキにしみこみしっとりとします。

ママや子どもたちに大人気のケーキです。

材料【スペシャルボックス用のケーキは2単位焼いて6等分します】

強力粉		230g
ココアパウダー		30g
（強力粉と一緒にふるっておく）		
砂糖		270g
卵		6個
A	サラダ油	大5
	牛乳	大4
	はちみつ	大3

作り方

① 箱にきっちりクッキングシートをしく（厚手の箱を用意する。Amazonの浅い箱がぴったり使えます）。
② 卵を湯煎し温めておく。（水温は37℃くらい）
③ Aをボールに入れオーブンの余熱170℃で温める。
④ ボールに卵白を入れしっかり泡立てる。泡がぴんと立つまで泡立て、もったりしたメレンゲを作る。泡がしっかり立ったら砂糖を3回に分けて混ぜ合わせる。卵黄もすこしずつ入れて、泡立てる。
⑤ ④粉を入れゴムベラでボールを回しながら切るように混ぜる。最後に温めた　Aを丁寧に混ぜあわせる。
⑥ 用意した箱に流し入れ、台の上で箱を打ち付けて空気を抜く。
⑦ 170度のオーブンに入れ30分焼く。表面に手を置いてしっかり焼きあがっていたら火を止める。2単位にするときは時間を長い目にして50分焼く。途中箱の向きを変えると焼きむらがない。
⑧ オーブンから出し、まな板の上に新聞紙を置き、布巾を載せて、その上にケーキを表面を下にして載せる。熱いうちにペーパーを取る。布巾をかけておき、冷めてから切り分ける。

リンゴシフォンケーキ

このケーキは、息子たちが小さい時によく焼いていました。紅玉は10月から12月初に出来るので、その頃、岩手や青森、山形の果物屋さんからとりよせます。
紅玉のすっぱさがごちそうのシフォンケーキです。パウンドケーキにはバターを使いますが、シフォンケーキはオイルを使うので経済的です。

材料

りんご……300ｇ
(紅玉が最も適していますがなければなんでも。小玉の紅玉1個で150ｇぐらい)
砂糖……180ｇ
塩……小さじ1/2
薄力粉……300ｇ
ベーキングパウダー……小さじ2
卵……2個(常温に戻しておく)
サラダオイルなどの油……200CC

作り方

① りんごは皮をむいて芯をとりイチョウ切りにする。
② 薄力粉にベーキングパウダーをまぜてふるっておく。
③ オーブン170℃の余熱にしておく。
④ 全卵をミキサーで泡立て、泡立ったら少しずつ砂糖とオイルを入れてさらに泡立てる。
⑤ りんごと薄力粉を入れてサックリと粉っぽさがなくなるようまぜる。
⑥ 容器に入れて上に皮を剥かずに芯だけをとったリンゴのうす切りをかざる。180℃で50分焼く。串を差し入れて何もついてこなければ焼けている。

※写真のケーキは、2単位の材料で8本焼いています。上はリンゴ1/4をかざっています。

私の好きなＺｉｋｋａごはん

チーズケーキ

毎月届けてくださるスペシャルボックス。中身を開ける息子の目当てはおもちゃです。でもおもちゃが無かったとき残念な顔はしません。頂いているものだとどこかでわかっているのでしょうか。

数々のお菓子ももちろん息子の楽しみで、まずは食べたことのない種類のお菓子に手を伸ばします。私が嬉しいのはタオルや洗剤、息子の肌着や文房具です。

そんな中、息子と私のテンションが同時に上がるのが、寺内さんのチーズケーキ！私がキレイに半分ずつに分けるか息子はチェックします。そのあと2人で「美味し〜い！」と言いながら味わいます。わたしと息子が取り合うチーズケーキは本当に美味しくて美味しくて豊かな時間を与えてくれるのです。いつもありがとうございます。

50歳代　シンママ

チーズケーキ

チーズケーキは思っているより簡単に焼くことが出来ます。このレシピではヨーグルトを使うのでレモンなどを入れる必要もありません。写真のチーズケーキにはあんこを入れています。簡単ですのでぜひチャレンジしてみて下さいね。

寒い時期にはスペシャルボックスに入れることが出来ます。

※基本のチーズケーキの分量にあんこや冷凍ブルベリーなどをいれても美味しくできます。

材料

クリームチーズ……200g
（室温にもどしてやわらかくする）
ヨーグルト……180g
砂糖……100g
卵……2個
（ぬるま湯につけ暖めておく）
薄力粉……大さじ2.5

作り方

① 卵は卵白と黄身に分けておき、卵白は角が立つくらいまでミキサーで泡立てておく。
② クリームチーズを泡だて器でよくまぜ、さとう・黄身・ヨーグルトを入れてなめらかになるように混ぜておく。
③ ②に①のよく泡立てた卵白を入れ、薄力粉を入れて、さっくりと粉っぽさがなくなるように混ぜる。
④ 容器に入れて、余熱にしていたオーブンで170度15分、160度30分で焼く。

私の好きなZｉｋｋａごはん

シュトーレン

昨日も一昨日も何もできなかったけど、思いがけずクリスマス後夜祭がやってきた！　寺内さんから手作りシュトーレンをいただきました。うれしすぎる…！

何よりうれしいのは、私の状況をＦａｃｅｂｏｏｋでちゃんと見てくれて贈ってくださったこと、そして手書きのメッセージカードまでついていること！

人が自尊感情を失って孤立するのは、自分のことなんか誰も見ていてくれない……と絶望するから。寺内さんたちのシンママ大阪応援団は、そこに手をきちんと差し伸べているんだなあと実感します。寺内さん、いつもありがとうございます！

さいきまこ（漫画家）

シュトーレン

クリスマス限定のドイツお菓子シュトーレン。作るのはとても手間がかかりますがこの時だけのおたのしみ。スペシャルボックスに入れると、「生まれてはじめて食べた」という反応が多かったですね。

材料（350 g × 4 個分）

強力粉	500g
ドライイースト	大さじ2
砂糖（きび砂糖または三温糖）	100 g
牛乳	100cc
卵	1個
塩	ひとつまみ
無塩バター	200 g
スパイス（シナモン、ナツメグ、カルダモンなど）	
レーズン	250 g
ラム酒	大さじ1～2
オレンジピール（梅酒の梅でもいい）	200 g
くるみ	60 g
粉砂糖	
溶かしバター	適量

作り方

① レーズンは半分に切ってラム酒を振りかける。オレンジピール、久留巳、梅酒の梅なども粗みじんに刻む。
② 強力粉をふるってボウルに入れ、中央をくぼませてイーストと砂糖、40℃にあたためた牛乳を入れ、次に卵と塩を加えて混ぜる。溶かしたバターと好みのスパイスを加え、生地が手につかなくなるまでこねる。
③ ボウルにふきんかサランラップをかけ、30～35度で1時間ほどおいて一次発酵をさせる。
④ 生地を4等分してぬれふきんをかけ、常温で15～20分置く（ベンチタイム）。
⑤ 粉を打った台の上に生地を置いて横長の楕円に伸ばし、生地を手前をもって半分より控えめに二つ折りにする。
⑥ 天板にクッキングシートを敷いて生地を乗せ、全体の形を整えて、30～35度で30分置いて二次発酵させる。
⑦ 180℃に温めたオーブンで25分～30分焼く。程よく色づいたら竹串を指してみて、生地がつかなければ出来上がり。
⑧ 熱いうちに溶かしバターを表面に塗り、されてから粉砂糖をたっぷりまぶす。
⑨ ラップで包間、涼しい場所に置く。食べるときは5～6mmの厚さに切るとよい。焼きたてよりも味が落ち着いた方がおいしく、1カ月程度楽しめる。

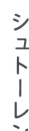

あなたも幸せのケーキサポーターになりませんか？

　毎月のスペシャルボックスに手作りケーキを入れています。このケーキレシピをみて、あなたもケーキを焼いて１本でも２本でもお送りください。送っていただく場合は、まずシンママ大阪応援団あてにメールをお送りください。発送日などについてお知らせいたします。

メールアドレス　soudan@shinmama-osaka. com

スペシャルボックスサポート品
送り先

〒530-0034　大阪市北区錦町2-2　国労会館内　シンママ大阪応援団
TEL 06-6354-8662　　TEL 06-6357-0846

米（精米したもの）、パスタ・そうめんなど乾麺、ラーメン、カップ麺、レトルト食品、缶詰、ジャム、ハチミツ、お菓子、漬物、佃煮、調味料、ジュース・ビール・洗剤、タオル、ハンカチ、シャンプー、リンス、トリートメント、石鹸、入浴剤、生理用品、ハンドクリーム、マスク、絵本、文房具など、いくらあっても喜ばれます。なお、瓶入りのものは破損の可能性があり箱詰めできません。できるだけ、缶詰、ペットボトル、紙パック入りのものでおねがいいたします。日用品は新品でお願いします。使い古しのものを送ってこられる方がおられますが、届いても捨てなければならないのでご遠慮ください。

シンママ大阪応援団への
寄付金の振込先

ゆうちょ銀行
他行からは 店名四〇八 普通預金 6238969
ゆうちょ銀行からは 記号14010 番号62389691
名義 シンママ大阪応援団

第3章

みんなが大好きZikkaごはん

Zikkaは「実家」と読みます。

シンママ大阪応援団では実家のない人、家族と疎遠な人が多いため、みんなが里帰りできる居場所を2018年4月からオープンしました。

このZikkaの主人公は大きなダイニングテーブルです。

このテーブルの上に大皿に盛った料理を並べ、冷蔵庫からビールやワインやジュースをママや子どもたちが自由に取り出し、思い思いにお腹いっぱいに食べます。お腹がいっぱいになると心も満たされ、自然とおしゃべりになり、笑い声があふれます。

安心安全な居場所Zikkaでみんなでにぎやかに食べるごはん。

この章では、ママや子どもたちに「私が好きなZikkaごはん」についてエッセイ・コラムを書いてもらいました。そしてその料理レシピをご紹介します。

特別なものは使いません

「さしすせそ」……これ、なにか知ってますか？　正解は、調味料を入れる順番です。さとう、しお、す、しょうゆ、ソースです。私の料理に使うのもこの「さしすせそ＋みそ＋こしょう」。あと、油はサラダ油、胡麻油とオリーブオイルくらい。これだけあれば、ほぼ、どんな料理でも作れます。

最近よく売っている「○○の素」は使いません。

それから、レシピ本によくあるこんなの普通冷蔵庫に無いよなあ、というものも使いません。例えば生クリーム。料理に少し使うために買うなんてもったいない。だから、そういう特別に買うものは、使いません。

Zikkaの原点〜石田さんちの晩ごはん

2017年の夏、シンママ大阪応援団にとって初めての遠出旅行に出かけました。行先は青森県弘前市。飛行機に乗るのは初めてという親子も多く、わくわくどきどきの2泊3日でした。

この親子旅行は、私の友人で弘前市会議員の石田久さんの「みんなで弘前のねぷたをみにおいで」という一言がきっかけでした。実現したのは石田さんが飛行機代を寄付してくださったからですが、それだけではなく、三日間、様々なお気遣いをいただきました。ねぷた会館に連れて行っていただいたり、地域の子ども会の行事（消防署見学と星と森のロマントピアでのBBQ・プール・温泉）に参加させていただいたり、津軽保健生協健生ねぷたを引かせていただいたりと、盛りだくさんで本当に楽しい3日間でした。

後日、ママさん、子どもたちから振り返りの感想文を書いてもらったのですが、その中で一番楽しかったのが1日目の夜の石田さんのご自宅での晩ごはん会だったと書いている人が多かったのです。

子どもたちからの感想を紹介します。

わたしはプールとねぷた祭りとバーベキューが一番楽しかったです。バーベキューのお肉がとてもおいしかったです。石田さんの家で食べた晩御飯もとてもおいしかったです。その中でもおにぎりが大阪のおにぎりとぜんぜんちがうかったので、びっくりしました。青森はお山が近くにあって、緑がたくさん見えました。空気もとってもおいしかったです。花火もとてもきれいでした。バーベキューの所からみえるけしきが大阪には見えないのでとてもびっくりしました。ホテルのお部屋からは岩木山が見えました。青森が大好きになりました。本当にありがとうございました。（小4　女子）

私は、青森でたくさんの思い出ができました。バーベキューや温泉、消防署でのお話、とても楽しかったです。その中でも一番印象に残ったのは「ねぷた祭り」です。大阪での祭りと違って、たくさんの夜店や人、そして夜の道に灯るたくさんのきれいな光。とても感動しました。たいこの音や笛を近くで聞けてねぷた祭りの楽しさを実感しました。こんな素敵な体験をできたのは、石田さんや石田さんの奥さん、そして青森の方々のおかげです。たくさんの素敵な体験をさせていただきありがとうございます。青森は自然がたくさんあり、空気もおいしく、とても良いところです。思わずこちらに住みたくなってしまいました。今年の夏、一番の思い出になりました。青森のみなさん、本当にありがとうございます。

（中1　女子）

青森2泊3日の旅行に誘ってくださりありがとうございます。とても良い夏休みの思い出になりました。友達などに早く青森の事をしゃべりたくて仕方ないです。飛行機に乗ったのは、とても久しぶりでとてもテンションが上がってしまいました。青森についてまず思ったことがとても涼しいというこ

とです。本当に涼しくて、この涼しさを家に持って帰りたいくらいでした。露天風呂から見える景色は最高でした。晴れていたし、貸切状態だったので優越感を味わえました。風呂のあつさには驚きました。ねぶた祭りの時、とてもきれいに浴衣を着せてもらってうれしかったです。自分でも勉強して着れるようになりたいです。とにかく楽しい3日間でした。ありがとうございました。

（中2　女子）

青森県につれていってもらってありがとうございました。うどんもおごってくれてありがとうございました。なんでもお金を払ってくれてありがとうございます。また青森県にいきたいです。今回は本当にありがとうございました。

（小5　男子）

ぼくはひこうきにはじめてのれました。ホテルに2かいめにこれてうれしかったです。1日目は石田さんのいえでビンゴができました。2日目はねぶたをひいてかけごえをかけられました。BBQをして肉がいちばんおいしかったです。

3日目はきんぎょねぷたをサポーターさんのおこずかいでかいました。

これから小学校でもがんばりたいとおもいます。いつもありがとうございます。

（小2　男子）

ぼくは、はじめて青森にいけました。一ばん心にのこったのは、ねぶたをひいたことです。サポーターさんのおこずかいでふえをかいました。さいしょはふけなかったけど、まつりの人におしえてもらってふけました。サポーターさんたち、ありがとうございました。かえったらおもい出を日記に書いておきます。

（小3　男子）

今日までありがとうございます。ホテル代・交通費、本当にありがとうございました。でもなんといってもれしいのは、石田さんの家でたべたごはん、庭でやった花火、ビンゴゲーム、きんぎょの置物、うれしかったです。それと、色々とたててくれたプラン、プール、バーベキュー、ねぶた村、ねぶた祭り、しょうぼうしょの体験、それと飛行機、どれも最高でした。うれしすぎてなんと言ったらいいのか分かりません。はっぴも貸してもらって本当に本当にうれしかったです。そしてあと2つあります。「いつもいつもりんごをありがとうございます。」「私たちが帰った後も身体にお気を付け下さい」何回もいっていますが、本当にありがとうございました。
（小6　女子）

おまつりがたのしかったです。おまつりのねぷたをひくのがたのしかったです。ねぶたはとてもおおきくておもたかったけどみんなでちからをあわせてひっぱったのでうごきました。はしごしゃにのってたかいところまのであがったのがたのしかったです。
（小1　女子）

たのしかった。全部たのしかったけど、石田さんの家にいけたのが一番たのしかったです。大勢のみんなでいっしょに食べたごはん。やさしい石田のおじさんとおばさん。ビンゴゲームと花火。ねぷた祭りでねぷたをひっぱったのもたのしかったです。大きなねぶたをどうやって動かすのかと思ったけど、笛をふきながらリードしてくれるおじさんに合わせると少しの力でも動かすことができたのでびっくりしました。でもぼくの手は今もいたいです。ねぷた村ではたいこがたたけて楽しかったです。もっとたくさんたいこをたたきたかったなあ。青森にも友達もできたし本当にありがとうございました。
（小3　男子）

今日は青森にさそってくれてありがとうございます。1日目はねぷた村へ行ってしゃみせんを聞いたり、石田さんの家でごちそうになったりして楽しかったです。2日目も山の見えるテントで食べたアイスが美味しかったり、温泉がきもちよかったです。でも、やっぱり一番印象にのこったのがねぷたまつりでした。全員が体験をできるようなものでは

ないようなひも引きなどをやらせていただきました。ありがとうございました。ホンマにおおきに！　（中1　男子）

石田さんのお宅では、奥様の心づくしのお料理をいただき、子どもたちはビンゴゲーム、花火に興じました。そして壁にはってあった手作りの「歓迎！シンママ大阪応援団」の横断幕に感激しました。私たち応援団を石田さんご夫妻がこんなに温かく歓迎してくださっているのだと伝わる夜でした。

この体験が拠点Zikkaにつながりました。言葉ではなく、空間で、料理で、雰囲気で「あなたが大事だよ」を伝える場所をつくろうと。

そして、2018年4月、拠点Zikkaをスタートさせました。

さあ、おいしいごはんを食べよう！

2020年2月末からのコロナ禍のもとで、ママたち、女性たちからたくさんの「死にたい」「生きてていいのか」という悲鳴のようなSOSが届くようになりました。

★前から非常事態だから今に始まったことじゃないです
★来月死ぬか、再来月死ぬかの違いでしかありません
★昨日、くびを吊る練習をしました
★先がみえなくて私は生きていても意味がない存在に思えます
★生きるために感染におびえて働くか、感染して死ぬか、どちらかしかありません
★ごめんなさい、今日手首切りました（写メ付）
★子どもに死のうかといってしまい、泣かせてしまいましました
★私は生きててもいいのでしょうか
★給付金は一度だけですか？もうお金がありません

たいていは夜中にこうしたSOSが届きます。前後にはもちろん文章があるわけですが。スマホを眺めながら、どうしたもんかなと考えるのですが、たいていはこう返事をします。

「何か食べたいものある？　作って送ってあげよか？」

「ケーキ焼こうか？　パン焼こうか？　クール便で送るよ」

「美味しいものに食べにいこうか？　イタリアン？　フレンチ？　中華？　和食？」

「Zikka来る？　好きなもの、作ってあげるよ、リクエストある？」


　すると、あれが食べたい、これが食べたいという返事が来るのです。

　私はカウンセラーでもケースワーカーでも精神保健福祉士でも社会福祉士でもありません。ただ、「ごはんを食べさせるのが好きな人」です。そしてリクエストがあればパンや、ケーキを焼き、いなり寿司をつくり、ほかにもレトルト食品や缶詰、お菓子を詰め込んだ緊急スペシャルボックスを作って送ります。喜んでくれたらいいなと思いながら。

　そのうち、きっとZikkaでみんなで一緒にご飯をわいわい食べることができる。だから生き延びよう、死んだらあかんで。言わないけれど、心の中でそう思いながら。

※2019年4月お花見会の食卓

私の好きなＺｉｋｋａごはん

土鍋ごはん

私のＺｉｋｋａ大好き料理は、土鍋ご飯です！　おかしいな?? 家で毎日ご飯は炊いているのにＺｉｋｋａでいただくご飯は何が違うのでしょうか？　つやがあり、お米もふわふわほかほか。

普段は子どもたちを優先してご飯を食べさせているのですが、Ｚｉｋｋａでご飯をいただく時は子どもたちは放ったらかしにして、まず私がいただいています。

土鍋で炊くからなのでしょうか？

たくさん炊くからでしょうか？

みんなで集まって食べるからでしょうか？

子どもたちより自分を優先できる唯一の時だからでしょうか？

すべてが複合しているかもしれませんが、本当にＺｉｋｋａでいただく土鍋ご飯はおいしいです。新米でなくてもおいしく感じるので新米が出るころはもっとおいしいんだろうな、と思います！

40歳代　シンママ

とびっきり美味しい土鍋ご飯

土鍋は炊飯用のものでなくても、鍋物用の土鍋でも美味しく炊けます。炊飯器は何万円もしますが、土鍋なら数千円。とても早く炊けるし、古米も美味しく炊けます。

新米で炊くとそれはもうご飯だけでご馳走です。美味しいご飯のお供があるといいですね。

古米の場合は、5分の1ほどもち米を入れると甘くてもっちりしたご飯になります。

材料

お米……………………………3合
(ご飯はたくさん炊くほうが美味しく炊きあがるので、最低でも3合は炊く。余ったご飯はお茶碗1杯ずつラップして冷凍しておけばいつでも食べられる)。

作り方

① 米をといでザルに上げ、30分ほどそのまま置いておく。
② 土鍋に入れ、水をカップ3.5 入れる(土鍋は吹きこぼれるので炊飯器より多い目)。
③ 沸騰するまで強火、沸騰したら炊飯土鍋の場合は弱火にするが、鍋物用の土鍋の場合はそのまま強火で2分炊いてから弱火に。
④ 10分弱火で炊き、火を止めたら10分蒸らす。この蒸らしが大事なので絶対に蓋を開けない。

さつまいもごはん

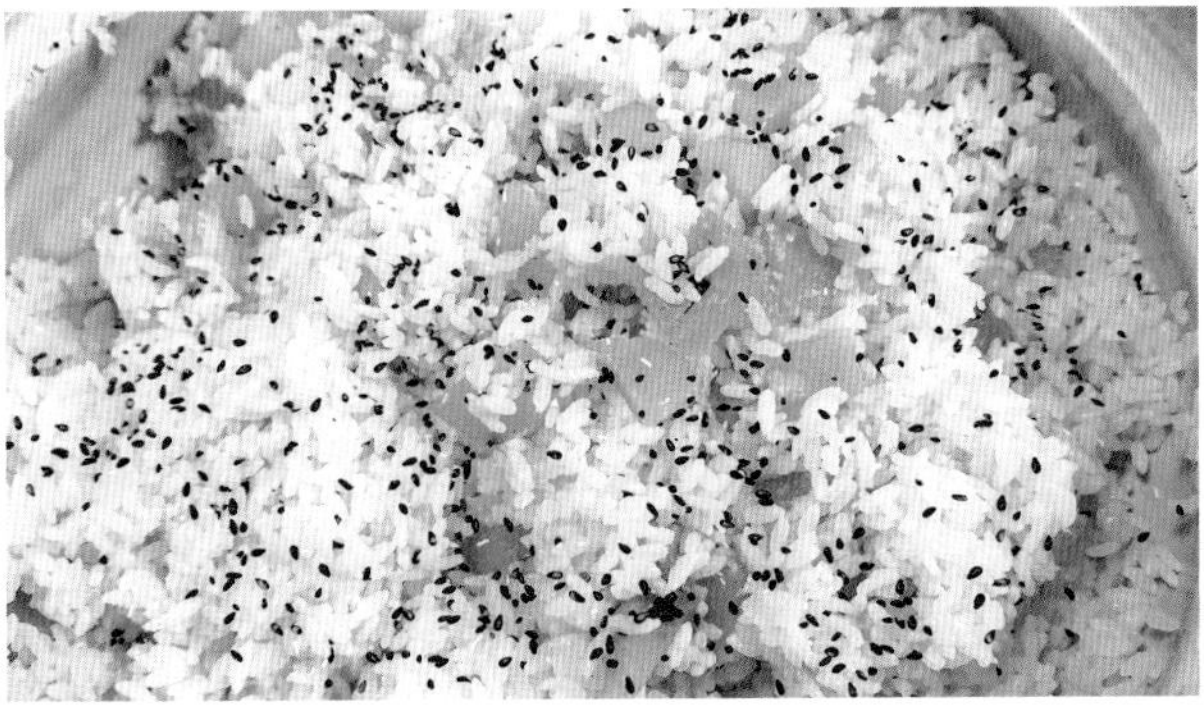

秋、サツマイモが手に入ったら、サツマイモご飯を炊いてみませんか？　いつものようにご飯を仕込んで炊くときにサツマイモを乗せるだけで甘くておいしい。ママたち子どもたちに大人気の秋のごはんです。

材料

お米……3合
大きめサツマイモ……1本
あれば黒ゴマ
塩……少々

作り方

① お米を洗い、ざるにあげ30分おいておく。
② さつまいもをよく洗い、皮をむいて、1センチ角のさいの目に切り、水にさらしておく。
③ お米を普段の水加減にして、上に水切りをしたさつまいもを乗せてごはんをたく。
④ 炊きあがったら10分蒸らし、ふたを開けて塩と黒ゴマを少々ふり、全体をよくまぜる。

甘酢生姜

新生姜は5～6月と10月に店頭に並びます。美味しい甘酢生姜をつくりましょう。みょうがを薄切りして入れておくとさらにおいしくなります。夏のお弁当に入れると防腐剤の役割を果たしてくれます。

材料

【甘酢の分量】
新生姜……………500ｇに対して
米酢……………………………カップ3
砂糖……………………………150ｇ
塩………………………………小さじ1.5
を入れて混ぜ砂糖をよく溶かしておく。

作り方

① 新生姜はよく洗い、皮は包丁でこそげ取り、薄切りにして水につけておく。
② 鍋にお湯を沸かし、沸騰したら生姜を入れ5秒でざるにあげる。
③ 甘酢に熱いままの生姜を入れ、漬け込む。時間がたつとピンク色の甘酢生姜となる。一晩つけたら食べられる。一緒にみょうがを入れても美味しい。

簡単ちらし寿司

みんなで集まる時、私は大好きなちらし寿司を作りたくなります。大きな飯切やお皿に盛ると「ご馳走」という感じです。作っておいた甘酢生姜を使って簡単ちらし寿司をつくりましょう。夏場はお酢の量を多めにすればごはんの傷みが防げます。

材料

米	3合
合わせ酢	
米酢	カップ1
砂糖	大さじ3
塩	小さじ1
卵	2個
きゅうり	3本
甘酢	適当
生姜	適当
みょうが	適当

作り方

① 米3合を洗い、30分おいてから炊いておく。
② 合わせ酢を、米酢カップ1、砂糖大さじ3、塩小さじ1で作っておく。
③ ごはんが炊けたら熱いうちにボウルやバットなど大きな容器に移し替え、合わせ酢を熱いうちに混ぜ、黒ゴマか白ごまを混ぜてうちわなどでさましておく。
④ 甘酢生姜は適当に千切り。
⑤ きゅうりを薄く輪切りし、ざるに入れ小さじ1で塩もみを水けをきってしぼっておく。
⑥ 卵2個を割って塩小さじ1/3を入れて混ぜ、フライパンを温めキッチンペーパーで油を薄焼き卵を数枚焼き、冷めたら千切りにして錦糸卵を作っておく。
⑦ 寿司飯が完全に冷めたら、錦糸卵、胡瓜、甘酢生姜、みょうがの順に上に飾る。

いなり寿司

甘く炊いた薄揚げに包んだいなり寿司も美味しいですね。この薄揚げを関西では「お揚げさん」といいますが、きつねうどんにも使えますので、たくさん炊いて冷凍しておくと便利です。

材料

米	3合
合わせ酒	
酢	1カップ
砂糖	大さじ3
塩	小さじ1
あれば漬物(たくあんやしば漬など)	
いなり	
油揚げ	12枚
A　醤油	大さじ5
A　砂糖	大さじ3.5
A　みりん	大さじ2
A　酒	大さじ1
A　水	カップ3

作り方

【関西風三角薄揚げ(お揚げさん)の作り方】

① いなり寿司用の薄揚げ(たいてい4枚入りで売っている)12枚を斜め半分に切って24個分に。
② 鍋にたっぷりの水を入れ、薄揚げを入れて1分ほど1分ほど強火で沸騰させ、ざるにとる。これは薄揚げの油をぬくため。
③ 鍋をきれいに洗い、A)を入れて煮立て、②の薄揚げを入れ、水分がなくなるまで煮しめる。

【すし飯の作り方】

① 米3合を洗いざるにあげ30分ほどおき、炊いておく。
② 合わせ酢をよく混ぜて作っておく。
③ ごはんが炊けたら熱いうちにボウルやバットなど大きな容器に移し替え、合わせ酢をかけて切るようにまぜ、黒ゴマか白ごまを混ぜてうちわなどでさましておく。この時、沢庵や柴漬など漬物を細かくみじん切りにして水けを軽く切って入れると彩りもきれいで美味しい。
④ 煮しめたお揚げさんはざるにあげ水分を切り、裏返しにしておく。落ちた煮汁は捨てずに煮物などにさらに使うと美味しい。
⑤ 冷めたすし飯を小さめの三角おにぎりにしておく。
⑥ 裏返したお揚げさんに三角おにぎりを入れ、ひっくり返していなり寿司にする。

ひじき混ぜご飯

美味しく炊きあがったご飯にあとから具をいれて混ぜご飯を作りましょう。
具は別に炊いてごはんにまぜます。普通米ともち米を半々にして炊いても甘く美味しいおこわのような仕上がりとなります。これでおにぎりをするとこどもたちに大人気です。

材料

ひじき……1袋を水でもどしておく
薄揚げ……大1枚をみじん切りに
ちくわ……
1袋4本を盾に4等分して細かくみじんぎりに
人参……大1本をみじん切りに

作り方

① 材料をすべて鍋に入れ、いりこ数本と4センチ角の昆布を一緒に入れ、水はひたひたに入れる。
② 調味料は、醤油大4、酒大2、みりん大2、砂糖大3を①に入れ、強火で煮詰める。
③ ごはんが炊けたら具を入れてよく混ぜる。

毎日味噌汁をたべましょう

味噌汁はホットサラダです。体温を上げることによって免疫力もあがります。また発酵食品である味噌も免疫力をあげ、病気にならない体をつくります。

具はタンパク質と野菜の2種類を基本に

味噌汁の具は蛋白質と野菜の組み合わせがいいですね。卵と玉ねぎ、厚揚げと大根、豆腐とワカメ、など。根菜は水の状態から、そうでない葉ものは沸騰してから入れます。

味噌は鍋の火を止めてから入れましょう。

出汁(だし)はいりこ、煮干しでとりましょう

味噌汁の出汁を取るのが面倒という方がいますが、いりこを使うとリーズナブルで簡単です。いりこや煮干しとはカタクチイワシなどの小魚を干したもので、スーパーマーケットの乾物コーナーに売っています。裏の原材料にカタクチイワシなど、魚の名前だけが載っ

ているものを選びましょう。

買ってきたらフライパンで空煎りをしておくと、頭や内臓を取る必要もありませんし、そのまま食べても芳ばしく、おやつにもお酒の肴にも美味しいですよ。

味噌汁を作るときは、鍋に水を入れて火をかける時にいりこを入れておきます。水カップ1杯あたり2尾くらい。もし、昆布があれば4センチ角のものを1枚一緒にいれておくと美味しい出汁が出ます。

ペットボトルでとる簡単だし

500ミリリットルペットボトルにいりこを5尾、昆布（2センチ×10センチ）を2枚入れ、水をギリギリまで入れて冷蔵庫で一晩置けば、美味しい出汁の出来上がり。そのまま味噌汁や煮物などに使えます。中に入れた昆布も細かく切って一緒に使いましょう。

冬には具だくさんの豚汁を作りましょう

寒い季節には豚汁を作ってみましょう。たくさん作っておけば、「冬のホットサラダ」として次の日もおいしく食べ続けられます。

材料

豚薄切り肉

根菜……………大根、人参、ゴボウなどをザクザク切って入れる。冬野菜が安いときに作るといい。子どもたちのためにはサツマイモを切って入れても。切り方は好みで小さくてもいいが、歯ごたえなどを楽しみたいときは大きくぶつ切りにする。

こんにゃく……一口大にちぎっておく(時間があればゆでておくが、なければそのままでも)

絹厚揚げ………ざるにいれ熱湯をかけ油を抜いておく。一口大に切っておく。

竹輪や天ぷらなどの練りもの

ねぎ……………青ネギでも白ネギでも、小口切りにしておく。

作り方

① 深鍋にごま油を入れ、肉を炒め、野菜とこんにゃくも入れてさらに炒める。

② ①にたっぷりの水を入れ、いりこを6尾とあれば昆布3センチ角を2枚入れる。

③ 煮立ててる途中に泡がたくさんでてくる。これは「灰汁(あく)」なので奇麗にすくっておく。

④ 野菜が煮えたら厚揚げやちくわなど練り物を入れ、ひと煮立ちしたら火を止め、みそを入れる。味噌は沸騰させると香りがとぶので、沸騰させないように。

⑤ 食べる直前に再び火を入れ、あたためる。お椀についだら、ネギの小口切りを散らすと彩りもきれいでおいしい。

かす汁

前頁の豚汁に酒かすをとかし入れるとかす汁に。寒い冬には、具だくさんかす汁があるだけでごちそうになりますね。

子どもの頃、母が作るかす汁が苦手でした。でも大人になるととてもおいしく感じます。ぶた汁をかす汁に変化させて冬のホットサラダをいただきましょう。

私の好きなZikkaごはん

炒飯

炒飯は息子のお気に入り料理です。寺内さんはいつもたくさん作ってくださるので2~3食分にはなるのですが、毎日晩ご飯で続いても、今日初めて食べるかのように「やった‼　今日、炒飯?」と喜んで食べます。

普段はゲームをしていてなかなかご飯の時間に食卓につかなくても、炒飯の時は「ごはんー!」の一言で駆け寄ってきてお皿にのっている炒飯の量を見比べ、一番多く盛っているお皿を選んで取っていきます。それほど差はなくほぼ同じ量を盛っているつもりなのですが。

炒飯は家でも私が作ったりもするのですが、これほど飛びつくことはありません。

食の細かった息子も寺内さんの炒飯に出会えて他のものもしっかりもりもりと食べてくれるようになりました。ありがとうございます!

40歳代　シンママ

冷蔵庫にあるもので炒飯をつくりましょう

余ったごはんは茶わん一膳分をラップして冷凍しておきます。冷凍ごはんがたまったら冷蔵庫にあるものを入れて、炒飯をつくりましょう。

材料

ごはん
ベーコン、ソーセージ、ちくわなど、あれば小さく切って
青い野菜はなんでもOK
青ねぎは小口切り、白ネギはみじん切り、ダイコンや蕪の葉っぱがあれば湯がいて水けをきってみじん切りに
卵(1つか2つ、割ってかき混ぜておく)
塩、コショウ、醤油

作り方

① 冷凍ご飯はチンして解凍、冷ごはんもチンして少し温めておく。
② フライパンや中華鍋を温め、ごま油を入れ、ベーコン・ソーセージ・竹輪などを強火で炒める。
③ 卵を流し入れ、固くなる前に温めておいたご飯を入れて炒める。
④ 青い野菜を入れ、塩コショウし、最後に鍋のふちに醤油を回しかけ香りをつけるのがおいしさの秘訣。　最後まで強火でいため、さっと作るのがポイント。

簡単めんつゆをつくりましょう

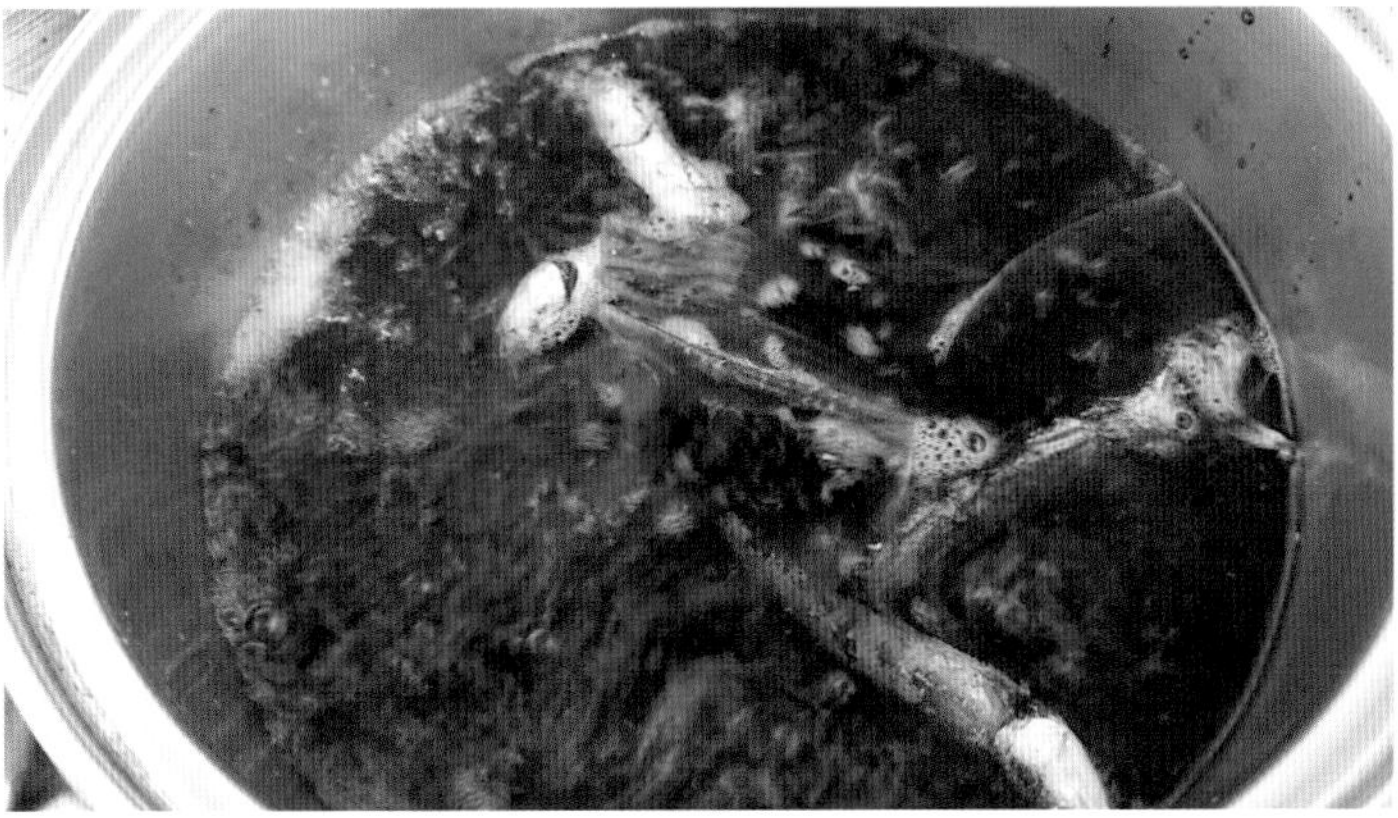

めんつゆ、買っていませんか？　昆布といりこがあれば簡単にできますし、経済的です。

水４：醤油１：みりん１が基本の分量です。このめんつゆを作っておけば、一週間のごはん作りに役立ちます。

材料

水	400cc
醤油	100cc
みりん	100cc
昆布	5cm角２枚
いりこ	５本
空の	１リットルのペットボトル

作り方

水に昆布といりこ、醤油、みりんを鍋に入れて沸騰させすぐに火を止める。冷めたらペットボトルに昆布、いりこごと移し冷蔵庫に入れて半日おいておく。冷蔵庫で１週間は持ちます。冷たい麺だけでなく、夏野菜の揚げびたしやだし巻き卵にも。

ねぎと薄揚げの卵とじ

簡単めんつゆを使って基本の卵とじをつくりましょう。ご飯の上にかければ玉子丼にもなります。

冷蔵庫の中に卵があればおいしい卵とじができますね。甘めにつくるとこどもたちが大好きなどんぶりに。

豆腐ちくわや玉ねぎにかえてもおいしいですよ。

材料

白ネギの青い部分または青ネギ

薄揚げ	1枚
卵	3個
めんつゆ	大さじ3
砂糖	大さじ1

作り方

① 薄揚げは太い目の千切りに、白ネギの青い部分の場合は斜め切りに、青ネギの場合は小口きりにする。卵は割って混ぜておく。

② フライパンに麺つゆと薄揚げを入れ火をつけ沸騰したら卵を回し入れ、ネギを入れ、火を止めふたをする。卵が半熟になっていたら出来上がり。

きつね丼

材料

玉ねぎ……1個(櫛切り)
薄揚げ……大1枚
(好みの大きさに切っておく)
卵……3個
(割ってかき混ぜておく)

作り方

① 小さめの鍋、フライパンに麺つゆ1カップ、玉ねぎ、薄揚げを入れる。
② 煮えたら、卵を3個混ぜたものを流し入れ強火1分で火を止め蓋をする。半熟になっていたら出来上がり。

ちくわ丼

材料

玉ねぎ……1個(櫛切り)
ちくわ……2本
(小さめにに切っておく)
卵……3個
(割ってかき混ぜておく)

作り方

① 小さめの鍋、フライパンに麺つゆ1カップを沸騰させちくわ、玉ねぎを入れる。
② 煮えたら、卵を3個混ぜたものを流し入れ強火1分で火を止め蓋をする。半熟になっていたら出来上がり。

豚丼

材料

玉ねぎ……1個(櫛切り)
豚薄切り肉……200g
(小さめに切っておく)
卵……3個
(割ってかき混ぜておく)

作り方

① 小さめの鍋、フライパンに麺つゆ1カップを沸騰させ鶏肉を入れる。
② 鶏肉が煮えたら玉ねぎを入れる。
③ 煮えたら、卵を3個混ぜたものを流し入れ強火1分で火を止め蓋をする。半熟になっていたら出来上がり。

私の好きなZｉｋｋａごはん

玉子焼き

私が初めてZ·ｉｋｋａを訪れたのは、お盆真っ只中の暑い日でした。緊張気味に中に入る私を、みなさんが穏やかな笑顔で迎え入れてくださいます。そんな中、台所で汗を拭きながら、たくさんのごはんを作ってくださっていたのが寺内さんでした。

15人は座れるであろう大きなテーブルは、見る見るうちに美味しそうなお料理でいっぱいになっていきます。そうめんにキュウリの酢の物、手作りのねぎダレがかかった鶏ハムに、焼き立てパンまで！　最初は少しぎこちなかった会話も、美味しいごはんを一緒に頂くうちに気づけば自然と笑顔になっていました。

寺内さんのごはんは本当にどれも美味しくて、「一番すきなごはん」を決めるのはなかなかの難題です（全部いちばん！と言いたいくらい）。

そして迷いに迷い、私が選んだのは「玉子焼き」です。Z·ｉｋｋａで初めて玉子焼きを口にした時、懐かしいような、ほっとするような、穏やかなしあわせの味がしました。出来立てあつあつのキラキラと輝く玉子焼きは、ほどよい弾力がありふかふかで、立ち上る湯気まで美味しかったのです。

思い返せば、自分ではない誰かに作ってもらった「玉子焼き」を食べるのは初めてでした。かっこつけたおもてなし料理ではない、ありふれた日常の1ページにいつでもありそうな玉子焼き。けれど、私にとってはあこがれだった玉子焼き。寺内さんの作ってくださった、ていねいに巻かれた玉子焼きは、愛されている象徴のようで本当に嬉しくなりました。愛情たっぷりのごはんは、少し疲れて冷たくなっていた心を、あっという間に温めてくれました。

「だいじょうぶ、ひとりじゃない」

Zｉｋｋａのごはんで心も体もエネルギーを満タンにして、また明日へと一歩を踏み出せるのです。

30歳代　シンママ

優しい味の玉子焼き

お弁当のおかずの定番玉子焼き。私は醤油を少しとお砂糖もほんのすこし、甘くない玉子焼きにします。
おかずが足りない時も一品になりますね。

材料

卵	3個
醤油	少々
砂糖	少々
油	少々

作り方

① 卵3個を割り、醤油小さじ1、砂糖小さじ1/2を入れて混ぜておく。
② 玉子焼き用フライパンを熱し、油をひきキッチンペーパーで余分な油をとっておく。
③ ①を流し入れ、余分な卵は戻す。焼けたら奥から手前に畳み、奥へやり、キッチンペパーで油をしき、さらに卵を入れ、同じ動作を繰り返す。
④ 4回ほど繰り返せば玉子焼きがきれいに出来上がる、はず。

私の好きなＺｉｋｋａごはん

煮たまご

懐かしい音楽を聴くと、その当時の思い出が蘇ってきます。楽しかった思い出も、辛かった思い出も。食事も同じ。その食べ物を見ると、その時の思い出が蘇ってきます。私のＺ·ｉｋｋａご飯は、新しい人生のスタートの始まりとともに全てが思い出です。長かった辛い生活の時は、ただただ生きるために食べ物を口にする感じでした。食材の色も綺麗に見えるなんてことがなかったです。そんな毎日から抜け出し、Ｚ·ｉｋｋａで仲間と囲む食事。食べたことのあるメニューも、初めてのメニューもどれも美味しかったです。今まで嫌いと思っていたゴーヤまでもが美味しい‼　不思議です。

そんな数ある美味しいものの中でも一番のお気に入りは煮卵。固まり方が絶妙で、黄身の色が惚れるほどのオレンジ色。今までゆで卵といえば黄身は黄色でパサパサ。食べながらおしゃべりなんてできないくらいに口の中の水分を取られてしまう感じで飲み込むのも辛い感じでした。

寺内さんが作ってくださる煮卵は崩れない、黄身が垂れない、でもしっとり！　そして見た目が綺麗。初めて食べた時は感動もので、すぐにつくり方を教わりました。それからはほぼ毎日自分で作ってます。半分に切ってお弁当に入れていくと、毎回蓋を開けるたびに感動です。綺麗なオレンジ色の黄身を眺めながら今の幸せを感じて感謝の毎日です。子どもたちのお弁当にも入れます。夕飯にも度々登場します。子どもたちは、お母さん、ゆで卵作るの上手になったなぁ!と褒めてくれます。

そんな子どもたちの言葉を聞いてさらに幸せな気持ちに。Ｚ·ｉｋｋａが教えてくれた思い出いっぱいな煮卵です。

40歳代　シンママ

とっても簡単　やみつき煮たまご

この煮玉子は大学時代にずっとラーメン屋さんでバイトをして店をきりもりしていた長男に教えてもらったレシピで、卵に穴をあけるのがポイントです。お弁当や料理に添えると、とても映えます。

作り方

① 鍋にたっぷりと水を入れ沸騰させる。
② 冷蔵庫から出した生卵に画びょうや針で穴を開けておく。
③ 沸騰した鍋にお玉で丁寧に卵を一つずつ入れ7分強火(固めが好きな場合は8分)でゆでる。
④ 火を止め冷水にとり冷ます。
⑤ 冷めたら皮をむく。
⑥ ジップロックや容器に卵を入れ、醤油とみりん(出汁醤油や麺つゆでもいい)を適当にかけてしばらく置く。

私の好きなＺｉｋｋａごはん

鶏肉の塩麹焼き

Ｚｉｋｋａで、寺内さんに作っていただいたお料理の中での私のお気に入りは鶏の塩麹焼き！　塩麹という言葉は聞いたことはありましたが、実際に塩麹を使ったお料理を食べるのは初めてでした。もう衝撃的です！　どちらかというとお肉よりも野菜が好きな私ですが、いくつもいただいちゃったのを覚えてます。

その後、塩麹の作り方を教わりました。出来上がるまでに日数がかかるので、出来上がった塩麹も分けていただきました。そして家で塩麹を使っていろいろ作ってみました。本当に万能調味料です。子どもたちも、ご飯作るの上手くなったなぁ！と言ってくれるます。

子どもたちから言ってもらえるだけでも嬉しいのに、取り合いの喧嘩をしている姿を見て、本当に幸せ感じてます。漬け込んでおけばお肉やお魚も日持ちするのでお財布にも優しい、そして大好きな野菜は塩麹を使ってお料理すると、色が綺麗なんです！緑や赤が本当に食べるのがもったいないくらいの綺麗な色。そして塩麹は身体にも良いという良いことづくめ。塩麹も手作りだと余計なものを使わずに済むので安心です。

そんな塩麹に出会えたのはＺｉｋｋａが本当の実家のような、寺内さんがお母さんのような、そんな近い場所だからです。いろいろな事情で自分の母親と一緒に台所に立つことのなかった私。Ｚｉｋｋａでのご飯は、その時だけの楽しみだけでなく、その後続く楽しみとなります。食べて元気に、教わって作って子どもたちの喜ぶ顔を見てさらに元気に！

食事は食べることを通して食べること以外の生きるための大切なことを教えてくれるものです。

40歳代　シンママ

塩麹（しおこうじ）をつくりましょう

万能調味料・塩麹を作ってみませんか。

スーパーマーケットに売っている「乾燥米麹」と塩と水で、万能調味料の「塩麹」ができます。塩麹を使うと、安いお肉も驚きのおいしさに。簡単ですので、ぜひ作ってみましょう。

材料

市販の米麹……100g
塩……35g
水

作り方

【塩麹の作り方】

① 蓋つきの容器に乾燥米麹100ｇ、塩35ｇを入れてよくまぜ、水をカップ2杯入れる。
② ぴっちりと蓋はせず、空気が入るようにして、常温で1週間置く。毎日1回かきまぜるだけ。
③ 1週間すると出来上がっているのでその後は蓋をきっちりして冷蔵庫で保存。麹菌が生きているので腐らない。

鶏肉の塩麹焼き

鶏肉でなくてもどんな肉でも美味しくなります。例えば、安売りで買った牛肉の切り落としでも塩麹をまぶしてしばらく置き、焼いてみてください。驚くほど柔らかく甘くなります。また、料理の味付けにも使ってみてください。カレーなど煮込み料理に入れるとコクがでます。

材料	
鶏肉	500g
塩麹	大さじ1

鶏肉塩麹焼きの作り方

① もも肉でも、胸肉でも、ささみでも、なんでも構わない。肉500ｇ当たり塩麹を大さじ1をまんべんなくまぶし、焼くだけ。

② オーブンで焼く場合は焦げ付かないようにクッキングシートを天板に敷き、上に食べやすい大きさに切った鶏肉をおいて250度で30分。フライパンで焼く場合は、油を薄くひいて最初は強火で焦げ目をつけ、その後蓋をして蒸し焼きに。

私の好きなZikkaごはん

パンとピザ

私の好きなZikkaごはんは、寺内さんの作ったパン、ピザ（ミートソース、カレー、チーズとはちみつ）です。

1年半前から、Zikkaに集まり、他のシンママさんや、独身の若い女性たちと、食卓を囲んで、お腹も満たされ、同じ立場で、気のおけない第二の家族のような、付き合いをさせていただいています。子どもたちも、長い付き合いの中で、関係性ができ、親戚や古くからの友人宅へお邪魔したかのように、馴染んでいます。

Zikkaでごはん会が開かれる時は、いつ来ても帰っても自由で、緊張することもなく、美味しいご飯が、次々と運ばれて来て、みんなも自然と顔がほころびます。なかなかこのように自由に受け入れて、みんながそれぞれ満喫しながら継続して来たくなるような場所は、見つかるものではないなぁと思います。Zikkaがあって良かったなぁと思います。

いつも美味しいご飯を作ってくれてありがとうございます。

40歳代　シンママ

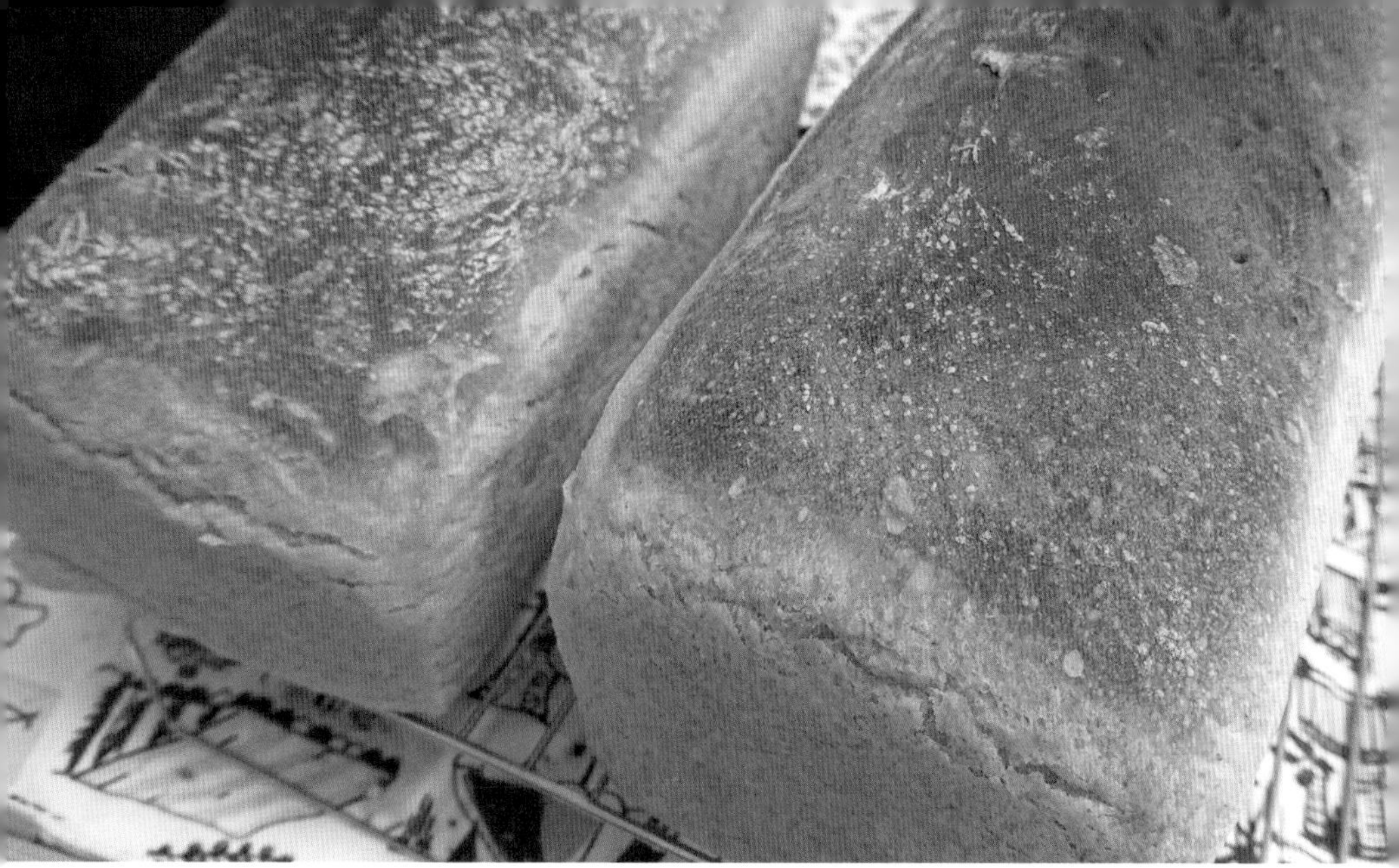

簡単でとっても美味しいパンを焼きましょう

Zikkaの一番人気はこのパンかもしれません。焼いてZikkaでも食べて、おみやげにも。

自分でパンを焼くようになってお店で買ってくることもなくなりました。

材料

強力粉……300グラム
（北海道産「春よ恋」、「はるゆたか」、岩手産「銀河のかおり」など国産の小麦で焼くととても薫りのいいしっかりとした美味しいパンが焼ける）
イースト……小さじ1
砂糖……大さじ1/2
塩……小さじ1/2
ぬるま湯カップ……1.5くらい。夏場は水でも大丈夫だが、冬場は室温が下がるので、37℃くらいの方がよく発酵する。

作り方

① ボウルに強力粉、塩、砂糖、イースト、水を入れ、粉っぽさが無くなるまで混ぜる。こねる必要はない。種が柔らかいほどもちもちした食感のパンになる。
② ラップし一次発酵をさせる。夏場は2時間ほど、冬場は時間がかかるので、寝る前に仕込み朝までオーバーナイトで発酵させるのがおすすめ。
③ 粉をふり空気を抜き表面を滑らかに形をきれいにまとめる。
④ 食パンの型、ホーロー容器などの内側にオリーブオイルを塗り、③を入れ、そのまま1時間ほど二次発酵させる。
⑤ オーブンに入れ、予熱せず190℃で50分焼く。オーブンには癖があるので、何度か焼いてみるといい。
⑥ 焼けたら熱いうちに型から出して冷ます。

私の好きなZikkaごはん

干しブドウと干しいちじくのパン

寺内さんのパン、本当に美味しいんですよ！

Ｚｉｋｋａに泊まらせていただいたとき「朝ごはん、パンがいい？　ごはん？」と聞いてくださり、「パンがいいです」と言ったら、なんと！「じゃあ今夜仕込んで、明日の朝焼いてあげるね！」という嬉しすぎるお言葉。そして数時間後、焼き立てのパンの香りで目覚めるという、これ以上ない幸せな朝がやってきたのです。「すごくシンプルなレシピなのよ！」と言いながら出してくださったパンは、ずっしり重いのに表面はカリっとして、中はしっとりもっちり。その美味しさときたら……！　焼き立てだからというのはもちろん、「私のために、わざわざ焼いてくれたんだ」というのが嬉しくて。

寺内さんのごはんは、すべてがそうです。「これを食べさせてあげたら、あの人が喜ぶだろうな」という思いがこもっている。だから、食べると本当に幸せな気持ちになります。

※基本のパンの変形ですが、全く違う味わいになります。

イチジクとレーズンのパンもそうでした。Ｆａｃｅｂｏｏｋで寺内さんが「こういうのを焼いてみました！」と写真をアップした時「うわあ美味しそう！　イチジク入りのって、パンの中で一番好きなんです！」とコメントしたら「じゃあ今度会うとき焼いて持っていってあげるわ」と言ってくださって。そして、東京でお会いした日。わざわざその朝に焼いて持ってきてくださったイチジクとレーズンのパンを「どうぞ」と差し出された時の気持ちときたら。こんなうれしい贈り物ってないですよね！

さっそく家で味わってみました。ずしっとした重みのあるパンはびっくりするほど水分が多くて、しっとり&もっちもち。口に入れると、ぎっしり入ったフルーツの香りと甘酸っぱさが広がります。何この美味しさ……。私には気に入っているお店のイチジクブレッドがあったのですが、寺内さんのパンはそれを軽々と抜き去ってしまいました。もう、お店のじゃ満足できない……。また食べたくなっちゃったら、どうすればいいの……。自分で寺内レシピを真似して作るしかない。

「簡単なのよ」「シンプルなのよ」「誰でも作れます」と寺内さんは言うけど、いやいや、なかなか簡単にできるものじゃないです。レシピは真似できるかもしれないけど、何かが違う。決定的な何か。

「この人に食べさせてあげたら、きっと喜ぶよね」と、誰かの幸せな顔を思い浮かべながら作ってみましょうか。そうしたら、ちょっとは寺内さんの味に近づけるかもしれません。

さいきまこ（漫画家）

作り方

① 大きなボウルに水以外の材料すべてを入れてよく混ぜる。
② 水を入れて粉っぽさがなくなるまで混ぜる。
③ ラップをしてオーバーナイトで一次発酵をさせる。オーバーナイトでない場合はぬるま湯を入れて混ぜ、夏場なら2時間、冬場なら3時間以上は発酵させる。室温が低い場合は湯煎をして、37℃ほどに保つ。
④ 倍以上に発酵したら粉をふり、空気を抜き、形を整える。
⑤ 型に入れて焼く場合はオリーブオイルを塗る。型に入れない場合は、天板にアルミホイルかベーキングシートを敷きオリーブオイルを引いておく。
⑥ 型に入れて1時間以上は二次発酵させる。型に入れない場合は、好きな形にする。
⑦ オーブンに入れる前に切れ目を入れ、190℃ 50分焼く。

材料

強力粉	300g
全粒粉（あれば。なくてもいい）	30g
塩	小さじ1/2
砂糖	大さじ1/2
イースト	小さじ1
水	カップ1.5ほど
干しブドウ	100g
干しいちじく（大きければ小さく切っておく）	50g

私の好きなＺｉｋｋａごはん

ピザ

Ｚｉｋｋａごはん、どれも美味しくて好きなのですが特にお気に入りがピザ。粉から作ります。子どもたちが楽しんで作れるように、寺内さんの手ほどきで、こねて、生地にソーセージ、コーン、チーズ、カレー等をトッピング。チーズが苦手な人用に、チーズ抜き。子どもたちは次はどんなピザにしようかと夢中になります。いろんな種類のピザが焼き上がります。

私はシンプルなチーズのピザに、寺内さんが外国で買ってきてくださった、はちみつをかけるのが絶品で、一番好きです。焼き上がったら、あっと言う間になくなります。熱々をいただくのが贅沢で、おしゃべりにも花が咲きます。

みんな辛い経験をしてきた仲間たち、安心して話せます。誰も否定しません。数年前まで元夫によるＤＶ、モラハラの環境の中で、びくびくしながら生活していました。子どもには虐待があり助けられない自分が情けなく子どもに申し訳なく泣いてばかりいました。

離婚が成立してから、シンママセミナーという講座で知り合ったママと交流し、シンママ大阪応援団のことを聞きました。シンママ大阪応援団とつながってから2年、毎月のスペシャルボックス、楽しい行事、シンママ同士での交流。優しくあたたかい方々に囲まれ、今では長女も次女も笑顔いっぱいです。

両親ともに亡くした私には実家がなく、Ｚｉｋｋａは居心地のいい第二の実家でようであります。長女はスペシャルボックス発送作業にすすんで参加し、毎月のように前日からＺｉｋｋａに泊まりに行っています。親子ともにお世話になりありがたいです。

40歳代　シンママ

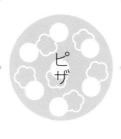

パン生地より水分を少なくして一次発酵だけするとピザ生地に

ピザ生地は、87頁のパン生地の分量で、作り方と一次発酵まで同じです。固いめの生地を作っておけば、子どもたちが大よろこびする手作りピザがいつでも出来ますよ。トマトソースの作り方は120頁です。

※子どもたちがつくったピザ

材料

材料(1単位)

小麦粉	300g
イースト	小さじ1
砂糖	大さじ1/2
塩	小さじ1/2
水	300cc

私の好きなZikkaごはん

キッシュ

今までで食べたことのなかったお料理、キッシュ。聞いたことはあるけれど目にしたことはなかったので、寺内さんから、今日はキッシュにするわ!と聞いてもイメージが湧かない。

オーブンからとってもいい香りがしてきて、一人で想像してみようと頑張ってみるのですか、やはり見たことがないので断念。テーブルに出てきて、えっ?　お菓子?という最初の感想です。ほうれん草の緑がいい仕事してます。早速切り分けていただきました。パイ生地のバターの香りとサクッとした食感、中の部分はクリームソースのような、でもドロドロではなく固すぎず柔らかすぎず。玉ねぎ、きのこ、ほうれん草にベーコン、いろいろな食感の食材が楽しませてくれました!　見た目、香り、食感と全てが衝撃でした!　こんな凝ったお料理をパッと作ってくださる。感動です。

簡単に作れるよ、と聞いてレシピをいただきました。早速自分でも作ってみました。本当に見た目とは違い、思った以上に簡単にできました。焼いている時、子どもが言います。何?　今日のご飯。めっちゃいい匂いなんやけど!　テーブルに置いた時の子どもたちの顔。私と同じです。何これ?　ケーキみたい‼　美味しい美味しいとすぐになくなってしまいました。明日も作って!と嬉しそうに言うので、翌日はベーコンをサーモンに替えて作ってみました。が、やはりベーコンとほうれん草の相性が良いみたいです。でも美味しかったです。

お盆とお正月くらいしか帰ってこない長男が帰ってきたときにも作りました。一緒に来た彼女までもが美味しい美味しいと‼ 作り方教えてくださいって言われたので、翌日は一緒に作りました。
食事から生まれる喜びと繋がり。簡単で美味しいと何度も作りたくなる。家の中で皆と食事をすると自然に会話が出てくる。キッシュは見た目が素晴らしいお料理なので、私のレシピ、おもてなしバージョンの中で、文句なしの1位獲得です！

40歳代　シンママ

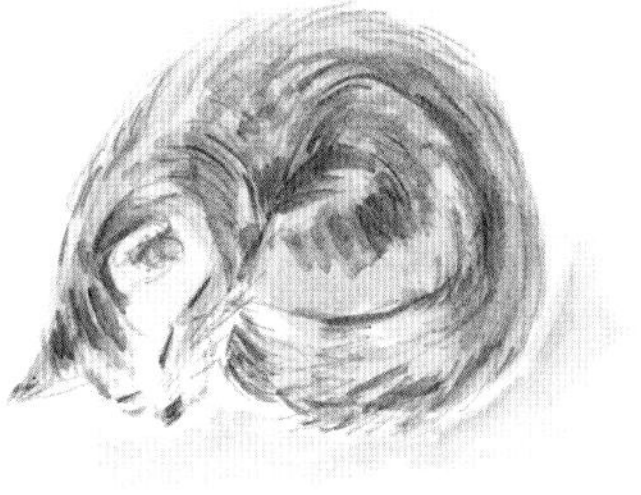

冷凍パイシートで美味しいキッシュ

カフェで人気のキッシュ、家では作れないと思っていませんか？　市販の冷凍パイシートを使えば簡単です。スーパーマーケットのセールの時に買っておいて作ります。

焼きたてをテーブルに出せば、歓声が上がること、間違いなしのお料理です。

材料

冷凍パイシート	1枚
ベーコン	50g
ほうれん草	1/2束
玉ねぎ	1/4個
牛乳	100cc
卵	2個
塩、こしょう	
とろけるチーズ	

作り方

① 玉ねぎは薄切り、ベーコンは細切り、ほんれん草は茹でて冷まし切っておく。
② ボウルに牛乳、チーズ、卵、塩コショウを混ぜておく。
③ フライパンでベーコンを炒め、玉ねぎを炒める。
④ ③を②に入れ、最後にほうれん草を入れる。
⑤ パイシートは冷凍庫から出し、柔らかくなったら焼き型の上に伸ばしておく。
⑥ ⑤に④を流し入れ、200度に予熱しておいたオーブンで25分ほど焼く。

市販のカレールーを使わないカレー

カレーって、時々無性に食べたくなりますよね。私は市販のルーは使わずカレー粉で作ります。しっかり炒めた玉ねぎがおいしさの秘訣です。

材料

肉(牛肉でも、豚肉でも、鶏肉でも、固まりでも薄切りでもなんでもいい)
玉ねぎ、人参
ニンニク……3片 みじん切り
カレー粉(カレールーではなく)……大5
トマト缶……1缶

調味料
料理酒や余っているワイン など……カップ1
塩
胡椒
ケチャップ
醤油
ソース
ジャムや蜂蜜など
味噌

作り方

① 煮込みができる深めの鍋に油を入れ、ニンニクを香りがたつまで炒め、肉を入れ炒める。
② 十分に火が通ったら、カレー粉を大さじ5入れて炒め酒を入れ、トマト缶1缶を入れる。
③ たっぷりの水を入れて強火で煮詰める。人参も乱切りして入れる。
④ 別のフライパンに玉ねぎ大3個分をうすく櫛切りにしたものを入れ、油を上からかけ、火をつけ、じっくりと薄いきつね色になるまで焦げないように炒める。この玉ねぎがとろみと味を決めるので絶対に省略しないこと。
⑤ 味付けは塩、コショウ、ケチャップ、ソース、醤油、ジャム、バナナ、リンゴすりおろし、味噌などあるもので。それぞれ大さじ1くらい。ジャムや味噌を入れるとこくが出る。カレーの風味が足りないと思う場合はカレー粉を足す。
⑥ ジャガイモを入れたい場合は、煮崩れるのでカレーがほぼ煮えた後に入れ10分ほど煮る。

私の好きなZikkaごはん

ルーを使わないカレー

このレシピは拠点Zikkaにて寺内さん直伝で教えてもらいました！　コツはじっくり玉ねぎを炒めること。この工程にほとんどが掛かっていると言ってもいいくらい、甘みやとろみを出す秘訣だと、教えてもらいました。そして、使うお肉は何でもいい～。カレー粉の他味付けするための調味料や入れる野菜は冷蔵庫にあるもので～とほんとに自由なレシピです。教えてもらってから何回も試行錯誤を繰り返しながら、自分でも作っています。カレー粉が多すぎたと思ったらマヨネーズやチーズを入れて味を調整して。

玉ねぎをじっくり炒めると、不思議なことに小麦粉も入れてないのにとろ～りと仕上がります。最近ではどんどん楽チンに、一つのフライパンで作っちゃって、火が通りやすい野菜を使えば30分強で仕上げてしまいます。スパイスと甘みと塩気とを好みに調理できるのがいいですね♪　人が来てもふるまえるかな？　美味しくできる料理のレパートリーができてうれしいです。

20歳代　独身女性

残り野菜で簡単キーマカレーを作りましょう

突然、無性にカレーが食べたい、でも時間はない！そんな時は冷蔵庫にある野菜をすべて大きめのみじん切りにして、炒めて簡単キーマカレーを作りましょう。

材料

肉（ミンチ肉でも、豚バラ肉でも、ベーコンでもなんでもいい）
野菜（玉ねぎ、人参、茄子、ピーマン、胡瓜などなんでも）みじん切り
ニンニク……3片 みじん切り
カレー粉（カレールーではなく）……大5
トマト缶……1缶

調味料
料理酒や余っているワインなど……カップ1
塩
胡椒
ケチャップ
醤油
ソース
ジャムや蜂蜜など
味噌

作り方

① フライパンに油を入れ、ニンニクを香りがたつまで炒め、肉を入れ炒め、野菜をすべて投入し炒める。
② 十分に火が通ったら、カレー粉を大さじ5入れて炒め酒を入れ、トマト缶1缶を入れる。
③ 強火で煮詰める。
④ 味付けは塩、コショウ、ケチャップ、ソース、醤油、ジャム、味噌などあるもので。それぞれ大さじ1くらい。ジャムや味噌を入れるとこくが出る。
⑤ カレーの風味が足りないと思う場合はカレー粉を足す。

鯖味噌煮缶詰で簡単サバカレーを作りましょう

スペシャルボックス用に鯖の味噌煮缶を沢山いただきましたのでカレーを作ってみました。驚くほど簡単でおいしいサバカレーができます。水煮でもできますが、味噌煮のほうがこくがあっておいしくできます。

材料

鯖缶	2缶
ニンニク	2片
玉ねぎ	大1個
トマト缶	1缶
カレー粉	大3
あれば塩麹なければ塩	
ワインか日本酒	100CC

作り方

① 鍋にオリーブオイルを入れてにんにくの薄切りを炒めて、櫛切の玉ねぎをきつね色になるまで炒める。
② カレー粉大さじ3杯をふり入れ、ワインか酒を入れて煮立て、トマト缶1缶、サバ缶2缶を入れる。
③ 味付けは塩麹があれば大さじ1、なければ塩を小さじ1を入れて胡椒を少々。
④ 以上終わりです！煮込む必要もありません。味噌がとても深い味を出してくれます。

経済的な鶏肉・豚肉はみんなの味方

育ち盛りの子どもたちにタンパク質は必須です。Ｚｉｋｋａの肉料理は鶏肉と豚肉。それも、スーパーマーケットの特売日にグラム58円の胸肉とか98円の豚肉などを大量に購入して冷凍しておきます。解凍したお肉でも美味しく食べられる鶏肉料理・豚肉料理を紹介します。

私の好きなＺｉｋｋａごはん

麻婆豆腐

私の一番好きな料理は麻婆豆腐です。いえ。「私の」ではなく、「私たち母子の」です。私は料理が苦手で、家では野菜は切っただけ、蒸しただけ、湯がいただけのものを食べたりしています。寺内さんに何度かお料理を教えてもらったのですが、寺内さんのお料理の手際の良さについていけず……断念。

子どもたちの大好きな煮込みハンバーグ、炒飯、筑前煮、麻婆豆腐などいただいてばかりです。麻婆豆腐は、そこに使われるお味噌が手作りだからなのか本当においしくて、いつもより多い目にご飯を炊いてもその日のうちに炊いたご飯がなくなってしまうくらいご飯が進みます。

普段は私もイライラすることが多く、家の中は険悪なムードが漂っていますが、苦手な料理から解放され、子どもたちにお腹いっぱい食べさせてあげることができ、私もおいしいものが食べられ……となると家内平和が訪れ、子どもたちも安定します。

40歳代　シンママ

普通の味噌で作る麻婆豆腐

中華料理店で食べる辛い麻婆豆腐はとてもおいしいですが、子どもたちには辛すぎるので冷蔵庫にあるいつもの味噌で作ってみましょう。少ないひき肉でたっぷりの麻婆豆腐ができますから、とても経済的。お財布の中が心細い時の力強い味方です。ごはんの上にかけて、さあ、めしあがれ。

材料

豚ひき肉……100g
葱（青ネギでも白ネギでもいい）……1束　小口切り
にんにく……1片みじん切り
唐辛子……2本　小口切り
豆腐……2丁をさいの目切りに
片栗粉を水で溶いておく

調味料
味噌……大さじ2
みりん……大さじ1
醤油……大さじ1
砂糖……大さじ2
オイスターソース（あれば）……大さじ1
以上を水カップ2と一緒にボウルで混ぜておく

作り方

① 中華鍋にゴマ油を入れ、にんにくを入れてから火をつけ香りを立てるよう炒め、唐辛子を入れさらに焦げないよう炒める（子ども用には唐辛子を入れない）。
② ひき肉を入れて色が変わるまで炒める。
③ ネギを入れて炒める。
④ 合わせ調味料を入れて沸騰したら、豆腐を入れ豆腐の中が温かくなるまで煮て水溶き片栗粉を入れてとろみをつける。

私の好きなＺｉｋｋａごはん

鶏ハム

Ｚｉｋｋａご飯で私のお気に入りのメニューは鶏ハムです。鶏胸肉は我が家の節約料理には欠かせない食材です。ですが鶏胸肉を食べ過ぎて、もう食べ飽きたなと感じていました。なのにＺｉｋｋａで鶏ハムを食べたらびっくり！　とても美味しくて、しっとりしていて、いつも食べている鶏胸肉とは思えませんでした。タレがまた美味しくて、初めて食べた日からずっとお気に入りのＺｉｋｋａご飯です。寺内さんに作り方を教えてもらってからは家でも作っています！

Ｚｉｋｋａで食べるご飯は私たち親子にとって特別です。お腹いっぱいになるだけではなく、それと同時に心も幸せで満たされるからです。普段家では、私は家事をしながらご飯を食べて、子どもには「早く食べなさい！」と急かしながらご飯を食べさせています。これでは幸せな食卓とは言えないなと分かっていながら、いろんな意味で余裕がありません。

ですがＺｉｋｋａに行ってゆっくりご飯を食べながらお話したりしていると、自然と笑顔になれます。子どももたくさんの人に可愛がってもらい楽しそうにしています。そんな子どもの姿を見て幸せを感じます。私にとってＺｉｋｋａご飯の時間は、お腹を満たし、日頃の疲れを癒し、また頑張ろうとパワーをチャージできる安心する時間です。こんな素敵なご飯と場所と時間を作ってくださり、感謝でいっぱいです。本当にありがとうございます！

20歳代　シンママ

鶏ハムを作りましょう

安い鶏むね肉をしっとりとやわらかくておいしいハムにしましょう。大皿に野菜を敷いてハムをのせてたれをかければごちそうです。

材料
鶏むね肉……………大きめ1枚
砂糖……………大さじ1
塩……………小さじ1
※たれ（生姜、青ネギをみじん切りにし、醤油大さじ3、酒大さじ1、ゴマ油大さじ1を混ぜておく）

作り方

① 鶏むね肉は皮をとり、観音開きにして、砂糖と塩を片面にまんべんなくすり込む。
② ラップを二重に重ね、むね肉を丸め、ソーセージのようにして、両端をタコ糸で結ぶ。
③ 冷蔵庫で半日置いておく
④ 鍋に水を入れ、むね肉をラップごと水に浸かるように入れ、強火で沸騰したら火を止め蓋をして置いておく。
⑤ さめたら冷蔵庫で冷やす。
⑥ 食べるときに切り分け、上にたれをかける。

ママも子どもも大好きな唐揚げ

Zikkaでの一番人気はやっぱり鶏の唐揚げ。子どもたちではなく、ママたちに大人気です。鶏肉はセールで安売りしている時に沢山買って冷凍しておき、解凍し、たれに半日以上つけておきます。一緒にじゃがいもを揚げておくとボリュームが出ますね。

材料

もも肉もしくはむね肉…………1枚
醤油……………………………大さじ2
酒………………………………大さじ3
すりおろし生姜………………大さじ1
片栗粉

作り方

① ビニール袋に鶏肉を一口大に切って入れ、醤油、酒、すりおろし生姜を入れてよくもみこみ、一晩置く。
② フライパンに油を2cmほど入れ、火をつける
③ 袋に片栗粉をふり入れもみこむ。
④ フライパンにぎっしりと肉を入れ、なるべく触らず、中火で焦げないようにじっくりと揚げる。裏返すのは1回だけ。

豚肉唐揚げはもっと簡単

時間がないけど唐揚げが食べたい！という時は豚薄切り肉を使うと調味液をもみ込むだけなので、簡単にできます。油で揚げる時も鶏肉より早く揚がります。お弁当のおかずにもおすすめです。

材料

豚薄切り肉	300g
醤油	大さじ1
酒	大さじ2
すりおろし生姜	大さじ1
片栗粉	

作り方

① ビニール袋にすべてを入れ、よくもみこむ。
② フライパンに2センチほど油を入れて中火をつける。
③ 鶏肉とちがってすぐに味がつくので、片栗粉をふり入れ揚げる。

油淋鶏（ユーリンチー・甘酸っぱいたれで食べる唐揚げ）

油淋鶏。中華料理店で食べるものと思っていませんか？　漬け込む時間が短いので唐揚げより簡単で豪華に見えますよ。一緒に煮たまごも添えてめしあがれ。

材料

鶏もも肉	1枚
かけタレ	
生姜	4片（みじん切り）
長ネギ	半本（みじん切り）
醤油	大さじ1.5
砂糖	大さじ1.5
酢	大さじ2
はちみつ	小さじ2
水	大さじ1
ゴマ油	大さじ1
酒	
醤油	
片栗粉	
油	

作り方

① 鶏もも肉に包丁を入れ平たくし、醤油大さじ1、酒小さじ1をまぶし、30分ほど置いておく。
② もも肉両面に片栗粉をつけ、余分ははたいておく。
③ フライパンに油を2センチくらいの深さになるように入れ弱火で温め、②を皮目が下になるように入れ、じっくりと油をかけながら、両面が狐色になるようあげる。最後に強火にするとからりと上がる。
④ 油を切り、食べやすい大きさにきり、上にタレをかける。

回鍋肉（ホイコーロー・豚肉とキャベツのみそ炒め）

キャベツ一玉100円！って時に一個まるごと使って回鍋肉を作りましょう。
息子たちも大好きで小さい時はよくつくりました。
こっくりと濃い目の味つけにすればごはんがいくらでも食べられちゃう一品です。

材料

キャベツ……………小玉1個
豚薄切り肉 200グラムを食べやすい大きさに切っておく。

調味たれ（あらかじめ合わせておく）
味噌……………大さじ1
砂糖……………大さじ1
醤油……………大さじ1
酒……………大さじ1
片栗粉……………大さじ1
※もしオイスターソースがあれば大さじ1入れるとさらにこくが出る

作り方

① 大きめのフライパンまたは中華鍋を強火で熱し、ごま油を回し入れる。
② 豚肉を炒め、色が変わったらキャベツを入れて炒める。
③ 調味たれをかけ炒め、最後に水どき片栗粉を回し入れ火を止める。

色とりどり中華サラダ

夏は冷たいサラダを食べたくなります。旬のきゅうりが安い時にたっぷり千切りして、人参やもやしも入れて野菜をたっぷりいただきましょう。ごま油をいれると、どんなものも中華風になるマジックです。

酢がたくさん入るので日もちしますのでたくさん作って冷蔵で冷やしておきましょう。冷麺の具にもなります。

材料

胡瓜	3本
人参	1本
もやし	1袋
ささみまたむね肉	200g
ハム	5枚

タレ

酢	大さじ9
醤油	大さじ3
砂糖	大さじ2
ごま油	大さじ2

作り方

① 胡瓜、人参は千切りにし、ざるに入れ、塩小さじ1を入れてしばらくおき、よく絞って水分を切る。
② もやしを茹でて水をかけ覚まし、絞っておく。
③ ささみまたは胸肉は茹でて割いておく。ハムの場合は千切りに。
④ ボウルに①②③を入れ、タレをかけよく混ぜ、冷蔵庫で冷やす。
※ 生めんを湯がいて水にさらして冷たくしめたら、中華サラダを上に盛りましょう。あっという間に冷麺の出来上がり。

体調が悪いときには参鶏湯（サムゲタン）を作りましょう

疲れた時、参鶏湯を作ってみませんか？　コトコト煮るだけでとても簡単です。骨付き鶏でつくると、コラーゲンもたっぷりで胃にもお肌にも優しい一品です。お米をたくさん入れるとおかゆとしても食べられます。

材料

骨付き鶏肉……………1枚か2枚
（なければ、手羽先や手羽元でも。骨から美味しいエキスと出汁、そしてコラーゲンがでるので、必ず骨付きのものを）
生姜……………………2片
白ネギ…………………1本
（4等分にザクザク切っておく）
米………………………一掴み

作り方

① 土鍋、なければ深さのある鍋に鶏肉、生姜、白ネギを上におき、米を一掴み入れ、たっぷりの水を入れる。
② 沸騰したら蓋をして弱火でとろとろと煮る。
③ 水分が少なくなったら途中差し水もし、骨から鶏肉が簡単にとれるくらいになったら出来上がり。
④ 皿にとり、食べるときに黒胡椒と塩で各自味付けしていただく。

私の好きなＺｉｋｋａごはん

きのこと鶏団子のお鍋

Ｚｉｋｋａでいただくご飯は、全部めちゃくちゃ美味しいのですが、私はきのこ鍋が印象に残っています。

寺内さんが、東北で買ってこられたきのこが数種類入って、目にも楽しいお鍋。あっさりしたスープだけど、きのこの風味がしっかり出て美味しく、「薄かったら、これ入れてみてね」と出して下さった柚子胡椒を加えるとまた一味違う美味しさになります。

普段は、家から出にくい発達障害のある中学生の娘は、「つみれがフワフワ～！」とたくさん食べました。寺内さんは「何もしてないよー」とおっしゃいましたが、きっと何か秘密があるはず……と帰り道に親子で話しました。

お鍋を大人数で囲む、という幸せ。でも、この数年、私たち親子はそんなことがなく母一人子一人で生きてきました。本当の実家は、両親の介護問題等で行けなくなったので。そんなとき、寺内さんにお料理を作っていただいて、他のシンママファミリーとハフハフいいながらお鍋を食べれられて、心まで暖かく幸せになれました。

Ｚｉｋｋａは、一生懸命生きているシングルマザーと子どもがホッとできる場所です。ご飯を食べながらなら、話しにくい話もしやすいです。ＤＶやモラハラ、夫婦の問題で心に深い傷を負った人ばかりだから、他では絶対話せない話ができます。

美味しいお料理をお腹いっぱい食べて、和室のコタツでゴロゴロしながら漫画を読む、小さい子は家にないおもちゃで遊ぶ、貧乏で普段は我慢することが多い子どもが嬉しそうにしていると、母も嬉しくなります。

こんな場所を作って下さり、維持してくださるサポーターの方々に心から感謝し、この暖かい善意を、いつか誰かに返せるようになりたいな、と思っています。

40歳代　シンママ

きのことごぼうと豆腐と肉団子のお鍋

寒い日はお鍋が食べたくなりますよね。きのことごぼうと豆腐をたっぷり、肉団子を入れたお鍋です。

材料

きのこ(まいたけ、しいたけ、エリンギなどなんでも)
ごぼう……1本　ささがき
豆腐……1個
豚ミンチと鶏ミンチともに……200gずつ
白ネギ……1本　みじん切り
すりおろし生姜……こさじ1
塩コショウ、片栗粉……大さじ1
卵……1個
酒、みりん、しょうゆ、砂糖、塩

作り方

① ボウルに豚ミンチ、鶏ミンチ、白ネギ、すりおろし生姜、片栗粉、卵、塩コショウをすべて入れ、よくまぜ、粘り気が出るまで練る。

※ フードプロセッサーがある場合は、ミンチでなく、薄切り肉や塊肉でもよく、一度に入れられない場合は数回に分け、卵と片栗粉以外をプロセッサーに入れてもよい。

② 鍋に昆布を水から入れ、沸騰したら①を一口大の団子に丸め入れていく。肉団子から出汁がでるので、特に出汁は作らなくてもいい。

③ すべての肉団子を入れたら、ささがきごぼうを入れ、きのこをすべて入れ、煮えたら、酒、みりん、しょうゆ、砂糖、塩で好みの味をつける。山形の「芋煮」風にする場合は、砂糖を多い目に入れ、甘辛あじにする。味噌煮風にする場合は、味噌だけで味付けをする。

筑前煮

根菜と鶏肉を入れてこっくり煮た筑前煮は、おかずの大定番でごはんが進みます。お弁当に入れても。みんなが大好きなZikkaごはんです。

材料

鶏モモ肉	大一枚
ごぼう	1本
人参	1本
こんにゃく	1枚
れんこん	1本

皮をむき乱切りにし水に入れておく。

絹厚揚げ	4個

作り方

① 鶏モモ肉は一口大に切り、ごぼうの皮はたわしでごすってこそぎとり、斜め切りにして水にさらす。にんじんは乱切りに、こんにゃくは手で一口大にちぎる。れんこんは皮をむき乱切りにして水にさらす。絹厚揚げは食べやすい大きさに切っておく。
② 深鍋を強火で暑くなるまで温め、油(ごま油だとこくがでる)を入れて鶏肉を炒める。
③ 牛蒡、人参、こんにゃくを入れてさらに炒める
④ 水をひたひたに入れ、沸騰させ、酒大さじ2、みりん大さじ2、醤油大さじ4、砂糖大さじ2を入れ煮しめる。
⑤ 煮えたられんこんと絹厚揚げを入れ、さらに煮しめ、火をとめる。
※ 煮物は、冷めるときに味が染みるので、煮汁は多少残しておく。

おからパウダーでがんもどき

おからパウダーをたくさんいただきました。おからを使ったたことがないという人が多いので、思いついて、おからパウダーでがんもどき、作ってみましたら……。

美味しい！　小料理屋風にとろみの出汁もかけてみました。上には生姜を。ものすごく簡単です。

材料

おからパウダー	30g
片栗粉	50g
水	100cc
人参	1本
青ネギ	1束
椎茸などきのこ	適当
ひじき	適当
揚げ油	

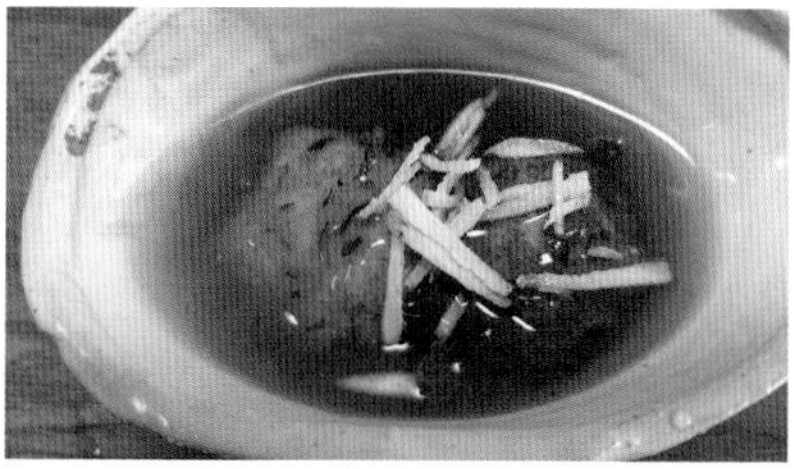

作り方

① 人参千切り、白ネギの青い部分を小口切り、椎茸みじん切り、あとひじき少々。
② ボウルにおからパウダーと片栗粉をかなりたっぷり、水と卵一個を割り入れ、よく練ります。味付けは塩麹のみ。
③ 小さめに薄く丸めて油であげる。結構強火の方が崩れない。

おからパウダードーナツ

おからパウダーでつくるドーナツは子どもたちに大人気です。
たくさん作って、粉砂糖でお化粧してきれいにラッピングするとプレゼントにもなります。

材料

おからパウダー	20 g
薄力粉	100 g
ベーキングパウダー	小さじ2
砂糖	60 g
牛乳	80cc
砂糖または粉砂糖	

作り方

① ボウルにおからパウダー、薄力粉、砂糖を入れて混ぜ、牛乳を入れてよく混ぜる
② 鍋に油を入れて熱し中火にする
③ ①をスプーンで小さくすくい油に入れて中火で揚げる。
④ 冷めたら砂糖または粉砂糖をまぶす

グラタン

グラタンは冬のご馳走ですね。Zikkaでは南部鉄の大きなすき焼き用鉄鍋でどっさりとグラタンを作ります。あつあつでチーズがとろけるグラタンをみんなでつつくのは最高に美味しいですよね。お酒が好きなママたちはワインもあけて。具が全部なくなったら、ホワイトソースをパンで拭って最後まで楽しめます。

材料

【ホワイトソース材料】

- バター……40g
- 薄力粉……50g
- 牛乳……カップ3.5(温めておく)
- 塩……小さじ1
- 胡椒……少々

【マカロニポテトグラタン材料】

- 鶏肉……200g(一口大に切る)
- 玉ねぎ……大1個(薄切りに)
- ジャガイモ……大2個(薄切りにして水にさらし、ゆでておく)
- マカロニ……100g
- ピザ用チーズ……適当

作り方

【ホワイトソース作り方】

① フライパンでバターを溶かし、薄力粉を振り入れ、焦がさないよう弱火でいためる。
② さらさらしてたら、温めておいた牛乳を少しずつ入れかき混ぜ、滑らかなクリーム状になったら少し似て、最後に塩コショウする。

【グラタン作り方】

① 鍋にオリーブオイルを入れて熱し、鶏肉を入れて炒め、玉ねぎも入れて炒める。
② 鍋にホワイトソースを入れ、マカロニとジャガイモを入れて混ぜ合わせ、塩コショウして味を調える。
③ 耐熱容器に入れ、上にチーズをたっぷりかけて250度のオーブンで焼き色がつくまで焼く。
※ 具はソーセージやベーコン、ゆで卵、茹でたブロッコリーやホウレン草なども美味しい。

私の好きなＺｉｋｋａごはん

煮込みハンバーグ

寺内さんから「好きなZ・ikkaごはんありますか？」と連絡いただいて、折に触れ考えましたが、煮込みハンバーグ、おでん、芋煮、ピザ、土鍋でたいてもらったご飯、あんこ、ケーキ……正直絞りきれないのですが（笑）やっぱり煮込みハンバーグです。

まだZ・ikkaがない頃、寺内さんのご自宅でお料理教室をしていただき、ご馳走になりました。

私も一応調理関係の仕事をしていますが、寺内さんが手際よく美味しいものを次々作って下さり、「私たち親子にここまでしてくださる方がいるんだ……」ととても感動したのを覚えています。

私にとっては忘れられない味（しかも自分でも作ってみましたが、とても寺内さんにはかなわず……）になっています。

40歳代　シンママ

煮込みハンバーグ

ハンバーグは家庭料理の定番ですが、煮込みハンバーグにすると肉がふっくらとしてよりおいしいですね。私の息子たちが小さい時に鍋いっぱいに作っていました。ごはんにかけてめしあがれ。

材料

豚ひき肉……200 g
鶏ひき肉……200g
大きい玉ねぎ……1個
(みじん切りに)
パン粉……100 g
(牛乳カップ1に浸しておく)
卵……1個

煮込み用
トマト缶……1缶
酒、塩、コショウ、ケチャップ、ウスターソース
玉ねぎ大……1個(櫛切り)
人参大……1本(拍子切り)

作り方

① ボウルに豚ひき肉、鶏ひき肉、パン粉、玉ねぎ、卵を入れよくまぜ、粘り気がでるまで練る。
② 深鍋にカップ3の水、トマト缶、酒カップ1/2を入れて火をつける。
③ フライパンに油をひき、強火にして①を小さめのハンバーグに丸めて入れ、両面に焦げ目をつける。
④ ②の鍋に焦げめをつけたハンバーグを入れて煮込む。途中、櫛切りにした玉ねぎと拍子きりにした人参も入れる。
⑤ 塩小さじ1、コショウ、ケチャップ大さじ3、ウスターソース大さじ2で味を調える。

黒酢煮豚

豚のかたまり肉を買ってきて作る煮豚はごちそうです。黒酢を使って、こっくりとてりよくしあげます。

材料

豚かたまり	肉800 g
しょうが	ひとかけ薄切り
黒酢	1カップ
砂糖	大さじ5
醤油	大さじ4
はちみつ	大さじ1
塩	小さじ1/2
コショウ	
サラダ油	少々

作り方

① 豚肉は冷蔵庫からだしておく。タコ糸を巻く。全体に塩をまぶし、キッチンペーパーを巻いて5〜10分おく。出てきた水分を吹いて胡椒をまぶす。
② 深さのある中華なべなどを強火で熱し、サラダ油を入れて豚のかたまり肉のすべて面に焦げ目をつける。
③ いったん肉を鍋から出して鍋の油をふき取り、黒酢・砂糖・醤油・はちみつを入れて一煮立ちさせ、肉と生姜を入れて蓋をして中火で時々ひっくり返しながら30〜35分、焦げないように煮る。煮汁にとろみがでてきたら出来上がり。冷めたら煮汁ごと保存。酢が入っているので日持ちがする。

パスタは給料日前の救世主

給料日前、お財布の中が寂しく、かつ米びつのお米が底をつきかけた時、救世主は１００均でも買えるパスタですね。大きなお皿にドーンと載せたら豪華です。

トマト缶もセールの時に買えば１缶１００円もしません。トマトソースをさっと作って、玉ねぎソーセージやハム、鶏肉などを入れてトマトパスタを作ってみましょう。

トマトソースを作ってみましょう

トマト缶とニンニクがあれば、トマトソースは簡単です。1缶88円など、セールをしているときに買って、作ってみましょう。このトマトソースがあれば、パスタも、ピザも簡単にできます。91頁のピザ生地を作って、このトマトソースでいつでも手作りピザが出来ます。

材料

にんにく……2片　みじん切りに
トマト缶……1缶
酒類……飲みさしのワインや料理酒など
バジル　乾燥バジル　生バジルがあればなお美味しい
塩、コショウ

作り方

① フライパンにニンニクを入れ、オリーブオイルを注ぎ火をつけ、焦げないように炒め香りをたてる。
② トマト缶を開けて入れ、強火にしてワインをカップ半分入れ、煮詰める。
③ 煮詰まったら塩コショウし、仕上げにバジルを入れる。

ベーコン（ソーセージ）とトマトソースのパスタ

トマトソースがあれば他のトマトソースパスタに展開できますね。ベーコンやソーセージを入れて作ってみましょう。

材料

トマトソース	カップ1
ベーコンまたはソーセージ	100g
スパゲティパスタ	300g
塩	小さじ1

作り方

① ベーコンまたはソーセージは食べやすい大きさに切っておく
② たっぷりの水を入れた鍋を強火にかけ塩を入れ、沸騰したらパスタをパラパラと入れて箸でまぜてからまないようにしてゆでる
③ フライパンにベーコンまたはソーセージを入れて火をつけ炒めトマトソースを入れて全体に火がとるようにする
④ ゆであがったパスタをフライパンに入れて混ぜる。水分が足りないときはゆで汁を少し入れ、皿にとる。

ミートソース

ミンチ肉がセールで安くなっている時に買っておき冷凍しておきます。解凍してミートソースを作りましょう。

材料
豚ミンチ……200g
鶏ミンチ……200 g
玉ねぎ……大1個(みじん切り)
にんじん……1本(みじん切り)
にんにく……2片(みじん切り)
トマト缶……1缶
オリーブオイル
塩　コショウ　砂糖、酒(料理酒または余っているワインなど)、あれば乾燥バジル

作り方

① フライパンにニンニクとオリーブオイルを入れ、火をつけ焦げないように炒め香りを出す。
② ミンチ肉を入れ色が変わるまで炒め続いて玉ねぎとにんじんのみじん切りを入れてしんなりするまで炒める。
③ ②にトマト缶1缶分を入れ、缶に半分酒を入れよく振って残っているトマトをとりフライパンに入れ、強火で煮詰める。
④ ③が煮詰まってきたら、塩コショウで味をつける。砂糖小さじ1くらい入れるとまろやかになる。
⑤ 最後に乾燥バジルを入れると香りがよくなる。写真は生のバジルを入れている。

小松菜ときのことベーコンのペペロンチーノ

ニンニクとパスタさえあればペペロンチーノができます。さっと炒めたベーコンと小松菜であえれば栄養たっぷり。キャベツや白菜にかえてもおいしいですよ。

材料

パスタ……………1人100-150ｇ
ニンニク……………2片（薄切り）
唐辛子……………2本
（子ども用には入れない）
ベーコン……………数枚
小松菜……………1束
オリーブオイル
塩コショウ

作り方

① 深めの鍋にたっぷり水を入れて沸騰させる。塩を大さじ1を入れる。
② フライパンにニンニクとオリーブオイルを入れ、火をつけ焦げないように炒め香りを出し、ベーコンを炒め、さらに小松菜を入れる。
③ パスタの芯が少し残る状態（アルデンテ）になったら②に入れ、少しゆで汁をたし、塩コショウして出来上がり。

白菜1玉使い切りレシピ

旬のお野菜は美味しくて安いですよね。特に冬の白菜は持ちもいいので1玉買って使い切るレシピをご紹介します。冷蔵庫に入らなければ、新聞紙などに包んで段ボールにいれ、ベランダなどに出しておけば持ちます。冬は他の野菜も冷蔵庫に入れるより、外に出しておくといいですよ。

ロール白菜

ロールキャベツもおいしいですがロール白菜もおいしいです。お出汁で煮て和風にも、ミルク煮で洋風にも。どんな味にも合うのが白菜のよさです。おでんの具にもなります。

材料

白菜の外側の葉っぱ………8枚
ハンバーグ種
　ひき肉……………………300g
　玉ねぎ………大1個みじん切
　パン粉……………………100g
　牛乳………………………カップ1
　卵……………………………1個
　すべてをまぜてよくねっておく

作り方

① 大鍋にたっぷりお湯を沸かし沸騰したら白菜の葉を茎から入れ、軽く茹でる。
② ①を水に入れて冷ます。
③ 茎の部分は分厚いのでこそげ取とって薄くし、大さじ1杯分のハンバーグ種を丸めて入れ、葉を内側に入れながらくるりと丸め、端を爪楊枝で止める。6個作る。芯は味噌汁に入れたり、胡麻和えにすると美味しい。
④ 和風の場合は、鍋に簡単出汁を入れ、沸騰したら巻いた③を入れ、1時間ほどコトコト煮る。味付けはみりん、醤油、砂糖、塩。
⑤ 洋風の場合は、鍋に水を入れ、ブイヨンを2個入れ、沸騰したら③を入れ、1時間ほど煮たあと、牛乳を入れて塩コショウをし、仕上げに薄い水どき片栗粉を入れてとろみをつける。

白菜たっぷり甘酸っぱい酸辣湯（サンラータン）

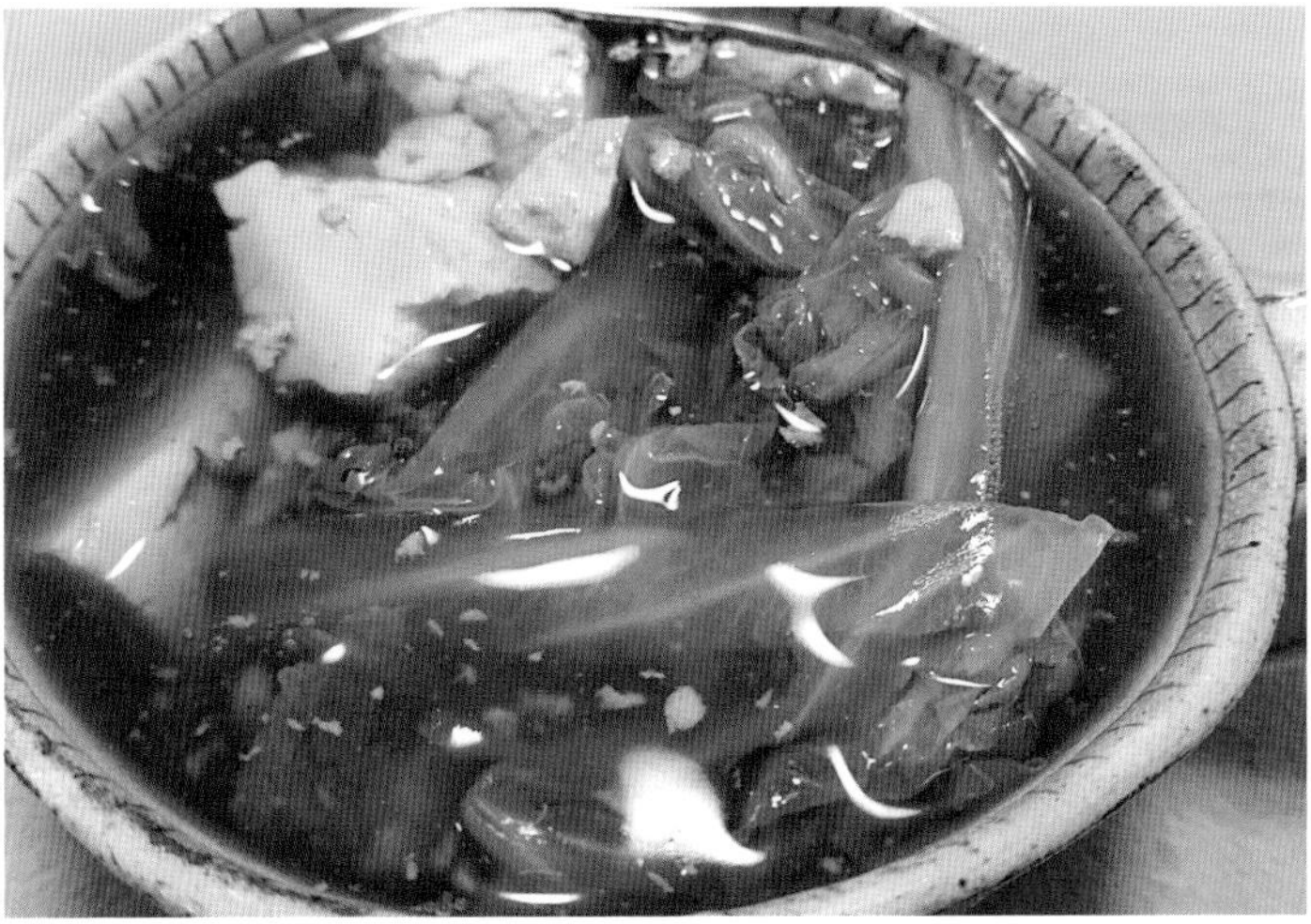

白菜をたっぷり使ってあまずっぱい酸辣湯をつくりましょう。白菜と豆腐、それと少しのお肉があれば美味しくて甘酸っぱいスープが出来上がります。とろみをつけるので、身体も温まります。

味は好みで甘くしたり、黒酢を多い目に入れてもおいしいですし、スープとして食べても、ご飯にかけても美味しいですよ。

材料

白菜……1/4玉
（茎の部分は大きめの細切り、菜はザクザク切っておく）
豚肉やベーコン（食べやすい大きさに）……100g
豆腐
あればきのこ
胡麻油
酒……大さじ1
チキンスープの素……小さじ2
醤油……大さじ1
砂糖……小さじ1
胡椒……少々
塩……小1/4
黒酢……大さじ2
水とき片栗粉

作り方

① 鍋に胡麻油を入れ、肉と白菜を炒める
② 炒まったらたっぷりの水を入れ強火にし、沸騰したら、チキンスープの素、酒、砂糖、塩、醤油、胡椒を入れ、豆腐を入れる。
③ 最後に黒酢を入れ水とき片栗粉を入れてとろみをつけ火をとめる。

白菜の胡麻和え

たっぷりの白菜を少し甘い目の胡麻であえてみましょう。サラダ感覚で沢山食べられます。緑の部分が多いと色どりがきれいなので、お弁当のおかずにもいいですよ。

材料

白菜	10枚
すりごま	1/2袋
みりん	大さじ1/2
醤油	大さじ1/2

作り方

① 茎の部分は5cmの拍子切りにし、葉の部分はざく切りにする。
② 鍋にお湯を沸かし茎から先に、葉も入れて茹で、ザルに上げ、水で冷やし、固く絞っておく。
③ ボウルにすりごま、醤油、みりんを入れて混ぜておき、固く絞った白菜を入れて和える。

りんごや柿など果物と白菜のサラダ

白菜の白い部分を生のまま、果物と一緒にサラダにしてもおいしいですよ。果物は、りんご、柿、みかん、グレープフルーツ、何でもあるものを入れるとおいしいサラダになります。ドレッシングは作らずオリーブオイルをざっとかけて塩こしょうで。はちみつをすこし入れるとおいしくなります。

材料

白菜……8枚
りんごや柿……1個
あればオリーブオイル、塩、こしょう、はちみつ適量

作り方

① 茎の部分は5cmの拍子切りにし、葉の部分はざく切りにする。
② りんごの場合は種と芯をとり拍子切り、柿の場合は種を取り細かく切っておく。
③ ボウルに白菜とりんごまたは柿を入れ、塩コショウをし、オリーブオイル、はちみつをかけて、しばらく置いておく。

野菜たっぷりビタミンスープ

冬の野菜はあたたかなスープで食べるといいですね。冷蔵庫にあるものなんでも入れて、コンソメは入れず野菜のうまみだけでおいしくなります。玉ねぎと白菜の白、人参の赤、コーンとかぼちゃの黄色で、私はビタミンスープと呼んでいます。鍋にたくさん作って、毎日食べます。だんだんとかぼちゃが煮とけて黄色いスープになっていきます。

材料

玉ねぎ	大1個
人参	大1本
白菜	4枚
冷凍コーン	1袋
かぼちゃ	1/4個
ニンニク	2片
油(オリーブオイルまたはサラダ油)	大さじ1
塩、胡椒	
あればブイヨン	2個
水	カップ

作り方

① ニンニクはみじん切り、玉ねぎ、人参、白菜は1センチ角切りにしておく
② 鍋にニンニクと油を入れて火をつけ香りをだす
③ ②に玉ねぎ、人参、白菜を入れてよく炒め、野菜の高さの3倍の水を入れてあればブイヨン2個を入れ(なくてもいい)1時間ほど煮込む。途中冷凍コーン1袋を入れる。かぼちゃはすぐに溶けるので最後に入れる。味付けは胡椒と塩。時間がたつほどおいしくなるので、冬であれば2.3日かけて食べると美味しい。

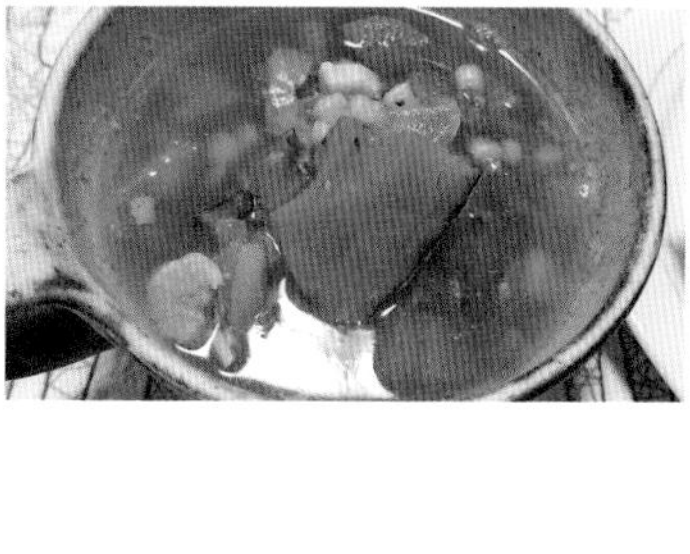

簡単ポトフ

鍋に大ぶりの野菜をいれて、コトコトと煮るだけです。でも、美味しい。いつもは簡単にソーセージをいれますが、ごちそうにしたいときは、最初から豚の塊肉をタコ糸で巻いていれてもいいですね。白菜の代わりにキャベツをいれてもおいしい。その場合はキャベツを4分の1にザクっと切っていれるといいですね。

材料

玉ねぎ	大1個
人参	大1本
白菜	4枚
じゃがいも	2個
ソーセージ	5本
塩、胡椒	
ブイヨン	2個

作り方

① 玉ねぎは大き目の串切り、人参は皮をむいて太めの輪切り、白菜もざく切り、ジャガイモは皮をむいて小さめのものならそのまま、大きいものは半分に切る。
② ①をすべて厚手の深鍋に入れ、水はひたひたになるまで入れ、ブイヨンを入れてふたをして強火沸騰したら弱火にしてジャガイモがに溶けないようにことこと煮る。
③ 味つけは塩コショウのみ、食べる前にソーセージを入れて火が通ったら食べる。

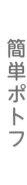

お正月のZikka里帰りではおせちをみんなで食べます

帰る実家の無いママたち子どもたちが多く、お盆やお正月、拠点Zikkaでは数日間をオープンにして、好きな時間に来て好きな時間に帰る里帰りを実施しています。

2020年のお正月は2日、3日、4日を「Zikka」里帰りとし、延べ43人のママと子どもたちがやってきました。ママたちはワインやビール飲み放題、子どもたちもお菓子食べ放題、カルピス作り放題、ミカンやリンゴも食べ放題です。そしてサポーターさんからの寄付を原資にして子どもたちにはお年玉も。

お正月といえばやっぱりおせち料理。私は母のレシピをもとに仲間たちと2015年から本格的なおせち料理を作っています。

2015年、2016年はCPAO（大阪子どもの貧困アクショングループ）のシンママさんたちにおせち料理を宅配する活動、2017年、2018年はシンママ大阪応援団のママたちと一緒に大きな調理室を借りて「おせち料理レッスン」として取り組みました。

2019年暮れはZikkaのキッチンを使って、料理好きな応援団理事と一緒にお正月用のおせち料理を作りました。Zikka里帰りをしたママたちの声を紹介します。ママたちの声を聴いていると、年に一度、おせち料理をみんなでたくさん作るのもいいなあと思いますね。そして、おせち料理があると、その他に料理を数点作ればいいので、とても楽です。ほかの料理は鶏のから揚げ（104頁）やグラタン（115頁）などを作りました。

2020年 Zikkaでのお正月のおせち料理

七福なます

材料

大根	300 g
人参	100 g （塩小さじ 1.5）
れんこん	50 g

（れんこん甘酢　米酢大さじ3　砂糖大1）

干しシイタケ	3枚
薄揚げ	1/2枚
糸こんにゃく	150 g
むし昆布	適宜

（合わせ酢　酒大1　砂糖大1　しょうゆ大1.5　米酢大5）

※グラムは皮をむいた状態で測ること

作り方

① 大根、にんじんは５ｃmの長さの千切りにして塩をし、しばらくおく。しんなりしたら熱湯をかけてしっかりとしぼる。

② 干しシイタケは水でもどして細切り。薄揚げは油抜きをして細切り。糸こんにゃくは5ｃmの長さに切りさっとゆでる。

③ 干しシイタケの戻し汁にしょうゆ大1.5、砂糖大１を入れ②を入れて下煮をする。

④ レンコンはピーラーで皮をむき薄切りにして酢水(水に酢を少々入れる）にさらし、酢水さっとゆでで熱いうちに甘酢につける。

⑤ 合わせ酢を作り７品を漬け込む。

煮しめ

材料　A）B）C）は別々に煮る。

A）	里芋	500 g
	だし	1.5カップ
	砂糖	大1
	みりん	大2
	塩	小1
	しょうゆ	小1.5
B）	れんこん	100 g
	人参	100 g
	だし	1カップ
	砂糖	大1
	みりん	大1
	塩	小1/3
	しょうゆ	小1
C）	しシイタケ	小10枚
	こんにゃく	1枚
	ごぼう	200 g
	干しシイタケ戻し汁	1.5カップ
	砂糖	大1
	みりん	大1
	しょうゆ	大2

作り方

A）

① 里芋は形のようものを使う。最初に洗って皮のままさっとゆで皮をタテに角をとけてむく。

② 鍋にだしと共に入れ、調味料を入れゆっくりとに含める。

B）

① れんこんは皮をピーラーでむき、５mmの厚さの輪切りにして酢水(３Cの水に酢大１)

② 人参は皮をむき１ｃmの厚さの輪切りに切る。

③ だしと調味料に人参を入れ柔らかくなったら蓮根を入れ、最後にしょうゆを落とす。

C）

① 干しシイタケは水で戻し、こんにゃくは塩をもんで余で、むすびこんにゃくにする。

② ごぼうはたわしでこすつて泥を落とし斜め切りにして水にしたしあくをとる。

③ 干しシイタケを戻しただしにシイタケを入れ煮立ったらあくをとり、こんにゃくと調味料を入れてに含める。最後にごぼうを入れる(ごぼうを初めから入れると柔らかくなり美味しくない)。

ごまめ

材料

ごまめ	50 g
砂糖	大2
しょうゆ	大2
酒	大1
たかのつめ	少々
白ゴマ	少々

作り方

① ごまめは100℃に温めたオーブンで10分、余熱で10分焼く。

② 調味料を合わせフライパンか鍋でひとふきか、ふたふきさせて煮詰めて火から下ろし、ごまめをからめ白ゴマをふる。

伊達巻

材料（1本分）

卵	5
はんぺん	1枚
だし	大2
みりん	大1.5
砂糖	大1.5
しょうゆ	小1/2
塩	小1/3

作り方

① 卵はときほぐす。
② 材料と調味料全てミキサーにかけて混ぜる。
③ 天板にクッキングシートを敷いて②を流し込み160℃に温めたオーブンで15分焼く。表面全体にしっかりと焼き色がつき触っても手につかない程度まで焼き上げる。
④ 冷ましてからオーブンシートをきれいにはがし、巻すの上においてはしからしっかり巻き込む。

栗きんとん

材料

さつまいも	500ｇ
（皮をむいて300ｇ）	
砂糖	150ｇ
みりん	大2.5
酒	大1.5
塩	少々
くちなしの実	1個
栗甘煮	10個

作り方

① さつまいもは輪切りにしてあつく皮をむき水につける。2～3回水を替え灰汁をだす。
② さつまいもがかぶるくらいの水を入れ、強火にかけ、さつまいもが崩れる程度になったらざるにあげ、砂糖を混ぜ、フードプロセッサーにかけてなめらかにする。
③ 鍋に②とみりん、さけを入れて弱火で焦げないよう気長に練る。
④ ③が出来上がったら火からおろし、栗の甘煮を細かく刻み加える。

煮豚

※レシピは118ページ

ミートローフ

材料（アルミケーキ型S2本分）

A	玉ねぎ	300g
	ミンチ	300g
	卵	1
	パン粉	1/2カップ
	牛乳	大3
	ウスターソース	大1
	トマトケチャップ	大1
	塩	小1
	胡椒	少々
	コーン	
	プロセスチーズ	

作り方

① ミンチ以外のAをすべてフードプロセッサーにかけまぜる。
② アルミのケーキ型に入れ、チーズとコーンをちりばめる。
③ オーブン200℃で30分焼き、串で刺してきれいな肉汁が出てくれば完成。

昆布巻

材料

煮昆布	2.4m（1本12cm）
かんぴょう	3m（1本15cm）
にしん	3本
ぬか	少々
酒	1/3カップ
砂糖	大6
しょうゆ	大4
酢	大2

作り方

① 昆布は布巾でふいてボールの中につけ、ざるにあげて水気を切る。付け汁はとっておく。
② やわらかくなった昆布は12～13cmに切る。（小さくしたい場合は8～10cm）
③ 芯になるにしんは洗ってぬかの水に一晩つけておき油抜きをする。きれいに洗って熱湯をかける。
④ かんぴょうは乾いたまま15cmに切る。
⑤ 昆布にニシンを巻き込みかんぴょうで結ぶ。煮ている間に昆布が膨れるのでゆるく結ぶ。
⑥ 昆布を鍋に並べて付け汁をたっぷり入れ酢を入れる。煮たつまで強火。その後弱火であくをとり、落としブタをして柔らかくなるまで煮る。
⑦ 竹串が通るまで煮えたら酒と砂糖を加えて2～3時間煮る。昆布に塩分があるのでしょうゆは加減する。
⑧ 煮えたら煮汁につけたまま一晩置き、十分に味を含ませる。

黒豆

材料

黒豆	200g
水	6カップ
塩	小1/2
砂糖	140g
しょうゆ	大2

作り方

① 黒豆をよく洗って水けをきる。
② 水を煮たて調味料を合わせた中に黒豆を入れて4～5時間置く。
③ ②を水にかけて沸騰したらあくをとり、差し水1/2Cを加える。再び煮立ったらもう一度差し水をして落としブタをする。弱火でやわらかくなるまで煮て、煮汁につけたまま一昼夜おく。

私の好きなＺｉｋｋａごはん

お正月のＺｉｋｋａが楽しくて仕方ない

Ｚｉｋｋａに遊びに行きました。去年は一度もＺｉｋｋａに遊びに行けなかったのだけど、久しぶりにＺｉｋｋａに行ったら、和室に炬燵があって、子どもたちがゴロゴロぬくぬくして遊んでいました。Ｚｉｋｋａの玄関をあけたら、ママたちが迎えてくれて、ワインあるよぉ～って声をかけてくれて、着いて早々美味しいスパークリングワインを頂きました。寺内さんの焼いたレーズンパンを切って貰って、クリームチーズをのせて頂きました。

ママたちと会うのも昨年の京都以来で、喋っていたら、寺内さんがたくさんお料理を出してくれて、久しぶりに、何もしないお正月を過ごせました。子どもたちも、勝手に遊んでくれていて、何度も会ってるので、一緒に遊ぼーと誘われていました。うちは、今年受験生で来年は高校生になる予定ですが、小学生の子どもたちに人気があります。子どもたちが、遊んでくれるお姉ちゃんって覚えてくれていて、とても嬉しいです。

寺内さんから、子どもたちには、手作りのポチ袋に、サポーターさんからのお年玉、私たちには、もち米やお料理や果物を持って帰らせてくれました。

本当の実家には家を出てから、お正月には一度も帰ったことがなく、たまに帰っても、Ｚｉｋｋａにいるようにはいかないので、Ｚｉｋｋａが楽しくて仕方がありません。寺内さん、お料理たくさん作ってくれて、ありがとうございました。サポーターのみなさまのご支援があってこそだと思います。本当にありがとうございました。

40歳代　シンママ

私の好きなＺｉｋｋａごはん

おせち料理

年末は31日まで仕事でお正月準備がちゃんとできないままでした。Ｚｉｋｋａに行ったら、寺内さん、知ってるママさんたちがいて、ほっとして嬉しかったです。

寺内さんの黒豆、ふっくらしてとても美味しく、ひじきご飯をいただきながら、熱々のグラタンもでできて中身がパスタ！　驚きですが美味しかったです。なますは、お持ち帰りも入れていただき、その後3日ほど幸せを感じながらいただきました。レンコン、昆布、椎茸などが入った寺内さんのなます、昨年から大のお気に入りです。娘は、昆布巻きやグラタン、寺内さんのお母様作の鯖寿司を嬉しそうに食べていました！　お年玉は、介護問題でごちゃごちゃの我が家は、滅多にもらえないので、かなり嬉しかったようです。サポーターの皆さまの愛情、本当にありがたいです。お正月を返上して私たちにご馳走を作ってくださり、寺内さんにも本当に感謝です。

40歳代　シンママ

私の好きなＺｉｋｋａごはん

実家が無い私に嬉しいＺｉｋｋａ

Ｚｉｋｋａに行きました。オープン一番乗り。自宅ではお正月らしいものと言えば、おもちを食べたぐらいで、おせち料理を楽しみにしていました。手作りのおせち料理、美味しかったです。私は食べて話してゆっくりくつろぎ、中学生の長女は大人と一緒に過ごし、小学生の次女は子どもたちと遊びました。ワインやお酒もいただきました。みんなサポート品だそうです。子どもたちはお年玉も。

両親ともに亡くなり、実家がないので、このような機会は本当にうれしいです。ありがとうございます。

40歳代　シンママ

第4章

子どもたちはお菓子作りが大好き

シンママ大阪応援団ではこれまで子どもたちと一緒にお料理教室をしてきましたが、なんといっても子どもが生き生きと目を輝かせるのはお菓子作りです。

応援団の強力なサポーターである料理研究家の三宅幸子先生（私の母）曰く、「子どもを料理好きにするにはお菓子作りが一番」だと。確かに、年中さん（五歳児）にもなれば、しっかりとお菓子作りに参加できます。混ぜる、こねる、丸める、などの作業でお菓子はほぼでき、一番難しい切る作業がないので、小さな子どもでも可能です。そして、1時間もあればできてしまうのも、お菓子作りの魅力です。そして、最後の試食が楽しい！

この章では、応援団のスイーツ作りで実際に子どもたちと作ったお菓子レシピを紹介します。

※2019年度「親子でつくるスイーツ教室」での三宅幸子先生

わらびもち

材料

流し缶	1個分
わらび粉	100 g
黒砂糖	120 g
水	3カップ
きな粉	適宜

作り方

① ボールにわらび粉、黒砂糖、水を入れ良くかき混ぜる。裏漉しして，残っただまをつぶしながら鍋に入れる。
② 鍋を火にかけ、中火でかき混ぜながら煮る。固まってきたら強くかき混ぜ、茶色から透明な色になるまで力を入れて、かき混ぜる。
③ 流し缶を水で濡らし、②を流し入れ、氷水で冷やす。
④ 冷たくなったら、水で濡らしたまな板に取り出し切り分ける。
⑤ 器に盛り、茶こしできな粉を振りかける。

ヨーグルトゼリー

材料

ゼリー型	6個
牛乳	300 g
砂糖	60 g
ゼラチン	大1.5
水	大4.5
ヨーグルト	250 g
みかんなどの缶づめ	1缶分

作り方

① ゼラチンに水を加えて柔らかくしておく。
② 鍋に牛乳と砂糖を入れ、よく混ぜて火にかける。煮立つ前に火を止めゼラチンを混ぜて溶かす。
③ ②を氷水で冷やし、固まりかけてきたらヨーグルトとみがしまと缶づめ１缶分水気を切って入れて混ぜ、水で濡らした型に流し入れ、固める。イチゴジャムなど添えてもよい。

あんみつ

白玉だんごは粉をこねてゆでるだけですが、ふわふわでとってもおいしい。

フルーツの缶づめと、34頁のあんこであんみつを作ってみましょう。とてもやさしい味で何だかいやされます。

材料　6人分

白玉粉	1カップ
水	0.5カップ
粉寒天	小1
水	2.5カップ
小豆	1カップ(150g)
砂糖	150g
フルーツ	西瓜　ミカン缶など

作り方

① 白玉粉をボールに入れ、水を少しづつ混ぜて耳たぶほどの柔らかさに練る。鍋に湯を沸かし、小さな団子に丸めて少し真ん中を抑えながら茹でてゆく。浮き上がったら少し煮て、冷水にとる。

② 鍋に分量の水を入れ、粉寒天を溶かして火にかける。かき混ぜながら沸騰したら3分程煮て、水で濡らした流し缶に入れる。氷水で冷やし、固まったら切り分ける。

③ 小豆は洗って鍋に入れ、3倍の水を入れて火にかける。中火で煮て、煮立ってきたら、鍋ごと水道の蛇口に持って行き、水を入れながら少しづつ湯を捨てて新しい水に変える。もう1度水を3カップ入れ、煮立ったら弱火で、柔らかくなるまでゆっくり煮る。小豆が柔らかくなったら砂糖を入れよく混ぜて火からおろし甘みを含ませる。一晩寝かせるとより美味しい。

④ 器に寒天、白玉団子、フルーツを入れ小豆餡を盛る。

ホットケーキミックスを使ったデコレーションケーキ

ホットケーキミックスを使って子どもと一緒にデコレーションケーキを焼いてみましょう。この写真のケーキにはいちごとチョコレートをけずってふりかけています。

材料	
ホットケーキミックス	100ｇ
卵	2個
砂糖	50 ｇ
牛乳	大3
サラダ油	大2

作り方

① 天板にクッキングシートを敷いておく。
② 卵をお湯(37℃くらい）で温めておく。（とても泡立ちがよくなる。）
③ 粉を振るっておく。
④ 牛乳とサラダ油をカップに入れてあたためておく。
⑤ ボールに卵を割り入れ、砂糖を加えてミキサーでしっかり泡立てる。弱でゆっくりと泡立てぼったりと絵が描けるように泡立ったら、粉を加えゴムベラで切るように混ぜ合わせ最後に牛乳とサラダ油をさっくり混ぜて型に入れる。190℃で20分焼く。
⑥ 焼きあがったら半分に切り、中に生クリームと果物をはさみ、生クリームと果物で飾ってみよう。好きなフルーツを載せて。

いちごのショートケーキ

前頁ではホットケーキミックスを使いましたが、こちらは薄力粉で。全卵をあわだてるやり方です。お誕生日に手作りのケーキにチャレンジしてみませんか。

材料

卵	4個
砂糖	100g
薄力粉	100g
牛乳	大1
苺ジャム	
苺	
生クリーム	100cc
砂糖	大1

作り方

① 卵をお湯(37℃)に入れ温めておく。天板にクッキングシートを敷く。
② ボウルに全卵を入れ良く泡立てる。ミキサーは弱で丁寧に。砂糖を加え、もったりして渦が書けるようになるまで泡立てる。粉を入れ、ゴムベラで切るように混ぜ、最後に牛乳を加えてさっと混ぜる。
③ 天板に流し込み170℃のオーブンで10～12分焼き、竹串で焼き加減をみる。竹串に何もついてこなければ焼けている。焼き上がったら紙を外し、2枚に切り分ける。
④ 苺を軽く洗い水気を拭き取る。
⑤ ケーキ1枚にジャムを伸ばして塗りもう1枚を重ねる。
⑥ ボウルに生クリームを入れ砂糖を入れて泡立てる。8分立てした生クリームをケーキの表面に置きパレットまたはナイフで伸ばし好みで苺を飾る。

カスタードプリン

牛乳、卵、砂糖があればおいしいプリンが作れます。キャラメルソースがうまく出来ればあとはとても簡単です。オーブンがなければ、フライパンに水をはってアルミホイルでふたをしてプリン型を入れてグラグラふっとうしないようにして蒸し焼きにしましょう。
このキャラメルソースは多いめに作ってびんに入れて保存出来ます。

材料（プリン型6個分）

牛乳	400cc
卵	3個
砂糖	60g
バター	適宜

キャラメルソース材料

砂糖	1／2カップ
水	はじめに大3
	あとから大3

作り方

① キャラメルソースは浅い鍋またはフライパンに砂糖と水大3を入れよく混ぜ合わせて弱火にかける。かき混ぜないで静かに煮詰め、だんだん煮つまってきて縁から茶色くなってくる。飴のようになってキャラメルのようなにおいがしてきたら火を止め大3の水を一度にくわえる。全体に混ざるように鍋を揺すって飴を緩める。
② プリン型にバターを薄く塗り、キャラメルソースを等分に流し入れる。
③ ボウルに卵を入れ、砂糖を加えて泡立て器で良く混ぜる。牛乳を熱くして加え、良く混ぜて裏ごしをする。
④ プリン型に④を等分に入れる。
⑤ 天板に並べ、お湯を型の半分ぐらいまで入れ、160℃のオーブンで30～40分蒸し焼きにする。竹ぐしをさして何もついてこなければOK。

おわりに

シンママ大阪応援団の活動を始めて5年半が過ぎました。
スペシャルボックスは想定していなかった活動ですが、おいしいごはんを中心とした活動は、私がどうしてもしたかったことです。ケーキにここまで力があるとは思いもよりませんでしたが、みんなで集まっておいしいごはんを食べて、お喋りをして笑いあう。私が一番好きな時間でもあります。

幸運なことに、私は料理好きな母のもとで生まれ育ち、小さいときから母の手作りの料理を見て食べてきました。手作りのパン、手作りのお菓子は当たり前の家庭でした。
私のこどもの頃の1年、歳時記。行事とともに思い出すのは母が作ってくれた料理の数々です。

1月 お正月にはおせち料理。
2月 節分には手作りの巻き寿司とお菓子たっぷりの豆まき、豚汁、粕汁
3月 私のお誕生会 ちらし寿司とケーキ、フルーツポンチ、春分のおはぎ
5月 ふきと筍の炊き合わせ、筍ごはん
6月 梅酒、梅干し
7月 わらび餅、ババロア
8月 暑い日の冷やし中華
9月 秋分のおはぎ

10月 やきいも、スイートポテト
11月 寒くなってくると熱々おでん、ロールキャベツ
12月 クリスマスのご馳走はチキンレッグのオーブン焼、母が作ったデコレーションケーキ

楽しい思い出と、美味しい料理がシンクロしています。

小学生の時、季節は秋が深まったころだと思います。夕方まで友達と外で遊んでいて、「バイバイ～」と一人二人とみんなが帰ってしまって、なんだか心寂しくなった時、家の中からおでんの煮えた香りがしてきたとき、子どもながらに心がほっこりとしたことを今でも思い出します。
中学生の時、我が家に同級生の女子たちを10人ほど招き「シュークリーム教室」をしたことがあります。友人たちが口々に「オーブンがあるなんてすごい！」「シュークリーム、作れるの？」とびっくりしていたことを昨日のことのように覚えています。
日曜日の昼ごはんには父がよく大きな三角おにぎりを作ってくれました。中には、昆布、梅干、鰹節。いまでも私が作るおにぎりは父がしっかりと握ってくれたものと同じ具入りの三角おにぎりです。

私はとても幸せな子ども時代を過ごしました。私はそれはごく当たり前のことで、全ての子どもがそんな子ども時代を過ごしているのだと思っていましたが、現実はそうではありません。料理を親に作ってもらったことさえない、食事は学校給食とコンビニ弁当でしか食べたことがない人もいますし、家族みんなで食卓を囲んだことのない人もたくさんいるのです。

拠点Ｚｉｋｋａを立ち上げたとき、とにかく大きなテーブルを置き、その上に沢山の料理を並べようと思いました。それも大皿に盛って。それは私のリアル実家の食事風景です。父が趣味で焼いた大皿や取り皿はＺｉｋｋａでいつも大活躍しています。

シンママ大阪応援団のサポートスタイルは、過去を問わない、なにも聞かない、意見を言わないということ。
過ぎてしまった過去は取り戻せないし変えることはできません。そんなことより、今日、明日をどう生きるかです。
大好きな「赤毛のアン」の中で、失敗ばかりするアンに対してステーシー先生がこう言います。「アン、明日は失敗のない新しい日よ」と。この言葉はいつも私を励ましてくれた言葉でもあります。

父が焼いてくれた大皿。Zikkaの食卓で大活躍です。

　そして、私も思うのです。「いろいろあるけど、とにかくおなかが空いた。とにかくおいしいものを食べよう。おなかがいっぱいになったらまた考えよう」と。そして、仲間と一緒にごはんを食べれば、不思議なことに元気と勇気がわいてくるのです。

全国で子ども食堂が広がっています。実際には子どもだけではなく、親子で、お年寄りも含めて食堂を展開されているところも沢山あります。

　子どもだけでなく、大人もおなかがすいています。Ｚｉｋｋａにやってくるママたちを見ているとつくづく「ママたちがお腹すいてるんだなあ、我慢をしているんだなあ」と思うのです。

子ども食堂でなくても、拠点などの居場所がなくても、なんにも聞かず、なんにも言わず、だまってそっとごはんをお裾分けする活動が広がったらと思っていますが、実はこれが難しいようです。

意見を言ったり、説教をすれば、ママたち、子どもたちの心は閉ざされます。「頑張ってね」という言葉は実はとても人を傷つけます。もう、ママたちも子どもたちも十二分に頑張っています。「これ以上なにをどう頑張れというのか」と思ってしまうのです。「大丈夫?」と聞けば大丈夫でなくても「大丈夫」と答えてしまうのです。

だから、言葉は必要ありません。おいしいごはんは、ケーキは雄弁に語ります。「あなたにおいしいものを食べてほしいの」「あなたが大事だからこれを作ったの」と。そして、その気持ちは伝わります。


最後に、おいしいごはん=幸せな時間を実感できる子ども時代をすごさせてくれた父と母、「寺内さん、レシピ本を作ってください」と背中を押してくれた沖縄の上間陽子さん、「私の好きなZｉｋｋａごはん」について書いてくれたママたち、こどもたち、漫画家のさいきまこさん、そして、シンママ大阪応援団をいつも温かく応援して下さる全国のサポーターの皆さんに、お礼申し上げます。いつも思い付きのように本作りを提案する私に根気強く付き合ってくださる日本機関紙出版センターの丸尾忠義さんに心から感謝いたします。本の題名は朝日新聞の中塚久美子記者が書いて下さったシンママ大阪応援団の記事の中からヒントをいただきました。帯にも声を寄せてくださいました。ありがとうございます。そして表紙と文中のとてもかわいくて素敵なカットを描いてくれた妹の小熊智子さんに、心からありがとう。

2020年9月

シンママ大阪応援団　代表理事　寺内順子

【著者紹介】

寺内 順子(てらうち じゅんこ)

1960年生まれ。佛教大学社会学部社会福祉学科卒業後、豊中の障害者施設に勤務。

1991年大阪社会保障推進協議会入局、現在事務局長。

主な著書に『シングルマザーをひとりぼっちにしないために』(共著、2017年、日本機関紙出版センター)、『検証!国保都道府県単位化問題』(2016年、同)、『基礎から学ぶ国保』(2015年、同)、『明日もやっぱりきものを着よう』(2013 年、同)、大阪社保協ハンドブックシリーズほか多数。

【表紙絵と挿し絵】

小熊 智子 (こぐま ともこ)

嵯峨美術短期大学、川島織物テキスタイルスクール卒業、現在、インテリアコーディネーター。

寺内順子の実妹。

「大丈夫?」より「ごはん食べよう!」
言葉はなくても伝わるものがある

2020 年 11 月 10 日　初版第 1 刷発行

著者　寺内順子
発行者　坂手崇保
発行所　日本機関紙出版センター
〒 553-0006　大阪市福島区吉野 3-2-35
TEL 06-6465-1254　FAX 06-6465-1255
http://kikanshi-book.com/　hon@nike.eonet.ne.jp
本文組版　Third
編集　丸尾忠義
印刷・製本　シナノパブリッシングプレス

ISBN 978-4-88900-988-0

万が一、落丁、乱丁本がありましたら、小社あてにお送りください。
送料小社負担にてお取り替えいたします。